东北亚研究丛书

蒙古国劳动力与
经济增长研究

STUDY ON THE
LABOR AND ECONOMY GROWTH
IN MONGOLIA

〔蒙古〕甘　南　　　著
(Tsambaa Gantulga)

于　潇

社会科学文献出版社
SOCIAL SCIENCES ACADEMIC PRESS (CHINA)

　　本书得到教育部重点研究基地重大项目"蒙古国经济发展与对外经济关系研究（2009JJD810007）"资助。

摘　要

　　在蒙古国的经济体制由计划经济体制转变为市场经济体制的30多年里，蒙古国的经济发展水平显著提高，近几年来的经济增长速度明显加快。尤其是受本国大规模开采利用矿产资源、实施促进经济发展政策等因素的影响，蒙古国经济的规模、国内生产总值迅猛增长。在经济增长理论中，任何国家经济的发展和增长都与劳动、资本、生产技术水平等要素相关。就蒙古国的实际国情而言，虽具备自然资源丰富、畜牧业发达、幅员辽阔、地理区位好等发展优势，但本国人口相对稀少，劳动力资源也比较贫乏，在促进本国经济由快速发展向高速发展道路迈进的过程中，如何合理利用人力资源促进经济增长成为至关重要的问题。

　　对蒙古国劳动力资源的分析建立在梳理经济学领域中劳动就业理论与甄选相关统计方法的基础上，借助于索洛经济增长模型，笔者对劳动市场中的市场经济活动、经济活动人口、劳动适龄人口、协议性从业人员、非全日制就业等相关概念进行界定，明确了各项就业率和劳动力统计指标的计算方法。而后，较有针对性地运用上述模型与工具对蒙古国社会经济发展总体状况、就业态势、失业人员情况以及劳动力的转移现状等问题进行分析，总体上把握蒙古国与劳动力相关的各方面基本情况。

1

　　在收集大量数据的基础上，笔者深入分析了影响蒙古国就业率的各项因素，针对蒙古国从业人员的工资薪酬、劳动生产率、国内生产总值变化对劳动与资本所产生影响的这三个方面进行分析。首先，在经济各行业中，从业人员的工资薪酬除了在数额方面存在差异外，还在增长率、增长速度上存在更大的差异；虽然行业间的名义工资十几年来一直呈现上升的趋势，但受到物价指数的影响，实际工资却呈波动性变化；各行业的平均工资薪酬与从业人员的数量之间也存在不同的关系与趋势。其次，历年经济领域中的各指标表明，虽然各行业的劳动生产率不同，但工资薪酬及从业人员的数量都与生产率具有密切的联系。最后，笔者引用柯布－道格拉斯生产函数，综合分析国内生产总值的影响因素。通过层层深入分析，蒙古国劳动力对经济增长所产生的影响逐渐明晰，借助于柯布－道格拉斯生产函数，本书确定了蒙古国诸如人均产出、全要素生产率、储蓄率、人口增长率、资本折旧率与产出弹性等要素的具体数值。通过对近几年平均国内生产总值的增长方面进行核算，本书得出蒙古国劳动力弹性为 25.44%，资本弹性为 53.88%，全要素生产率的影响率为 20.67%，各要素在影响蒙古国经济增长因素中所占的比重最终得以明确。

　　上述模型中的各项指标结果是根据数据资料核算而得出的，因这些指标并非一成不变，所以，有必要进一步预测未来劳动力的发展趋势及其对经济增长的影响。蒙古国人口稀少且人口增长的速度会限制劳动力资源储备，所以在未来促进经济快速增长的过程中，劳动力储备问题将会成为重中之重。蒙古国国家统计协会发布的人口未来的创新核算报告，已经预测出到 2040 年时蒙古国的人口增长趋势，明确指出到 2021 年蒙古国的人口增长率将达到 1.52%，且仍会对劳动力资源储备的增长产生限制作用。结合蒙古国劳动力资源的现状及其今后的发展趋势，本书建议：若要使蒙古国的劳动力资源更好地促进经济增长，应积极推动劳动适龄人口的就业率增长，缩小行业间工资薪酬与劳动生产率的差距，切实提高蒙古国的劳动生产率与资本生产率水平，各方努力共同实现 2021 年的蒙古国经济发展总目标。

关键词：蒙古国；劳动力；就业；经济增长

Abstract

During the 30 years when the economic system in Mongolia transformed from planned economic system into market economy system, the level of economic development in Mongolia has improved significantly. In recent years, the economic growth has obviously sped up. Especially when they were affected by the factors, like exploiting and utilizing mineral resources in large scale, implementing economic development and so on, the scale and GDP of Mongolian economy had been growing strongly. According to the theory of economic growth, economic development and growth in any country are related to labor, capital and the level of production technology. In terms of the actual situation of Mongolia, though abundant natural resources, developed animal husbandry, vast territory and geographical location were the advantages in development, the population in Mongolia are relatively rare and the labor resources are comparatively in shortage, thus in the process of promoting national economy stepping into a high-speed development path from rapid development path, the vital question was to promote economic growth by rational using human resources.

Based on the combing of the employment theory in economics and selection of relative statistical approach to analyze the Mongolian labor resources, with the help of Solow economic growth model, the author defined the relevant concepts of market economic activities in job market, economically active people, active labor force, contracted employee and part-time employment, and made clear the calculation approaches of employment rates in all fields and the index of labor force statistics. Then the author, through the comparatively targeted utilization of the above model and tools, analyzed the overall condition of social and economic development in Mongolia, the employment situation, the situation of unemployed person and the present situation of labor force transfer, hence hold the basic situation in every aspect having relevance to the labor force in Mongolia.

Based on the large amount of the data and the detailed charts, the author deeply analyzed the factors that affect the employment rate in Mongolia. The author mainly focus on three aspects: the influence to labor and capital made by employees' wages, labor productivity and the change of national GDP. First of all, in the economic industries, not only the amount of the salary of employees existed differences, but the growth rate and the growth speed had significant differences. Although the nominal wages in industries presented a rising tendency in recent years, influenced by the price, the real wages had a fluctuated changes. The relationship and trend between the average wages in different industries and the amount of the employees also showed differences. Secondly, the indexes in economy over the years showed that the labor productivity was different in different industries, but it had close relationship with the wages and the amount of the employees. Finally, the author quoted Cobb-Douglas production function to make comprehensive analysis of the influencing factors of national

GDP. After the layers of in-depth analysis, the influence to economic growth made by the labor force in Mongolia become clear gradually. With the help of Cobb-Douglas production function, the concrete values of output of per capita, total factor productivity, saving rate, growth rate of population, capital depreciation rate and output elasticity had been confirmed. According to the accounting of the aspect of average national GDP growth, the labor force elasticity is 25.44%, capital elasticity is 53.88%, influence rate of productivity rate is 20.67%. Therefore, the proportion of all the factors that affected the economic growth had been clear ultimately.

The indexes in the above model results from the calculation of the statistics. Due to the reason that the indexes are not invariable, so it is necessary to further predict the developing trend of labor force in the future and the influence it has to the economic growth. The population in Mongolia is rare and the population grow rate would limit the reservation of labor force resources. Therefore, the question of labor force reservation should be the first priority. The innovating accounting report to population future issued by Mongolian National Statistics Association released the Mongolian population growth trend until 2040, making clear that until 2021 the population growth rate in Mongolia would reach to 1.52% and also made limited function to the reservation of labor force resources. Scientific prediction should be made by combining the current situation of labor force resources in Mongolia and the developing trend in the future. If the labor force resources in Mongolia want to promote economic growth in a better way, it is necessary to positively push the increase of employment rate of active labor force; narrow the gap between wages and labor productivity in industries; effectively improve the level of labor productivity and capital productivity. All parties should work together to fulfill the general objective for economic development in Mongolia in 2021.

Keywords: Mongolia; Labor; Employment; Economic Development

目　录

第 1 章　导论

1.1　研究背景

在众多发展经济学家的理论中，劳动、资本、技术都是影响经济增长的要素，而经济迅速增长可以带来高就业率。当今各国经济发展水平存在显著差异的同时，与经济发展相关的就业水平也呈现极为明显的区别。经济的发展归根结底是人的发展，人口的就业水平直接影响经济发展速度、人民生活水平及社会稳定状况，因此，就业率问题成为经济学家、研究人员、政治家共同关注的重要问题，而如何提高就业率、培育良好的就业环境、创造足够的工作岗位也是发展经济学的基本问题。

在蒙古国的经济体制由计划经济体制转变为市场经济体制的 30多年里，蒙古国的经济发展水平显著提高，近几年来的经济增长速度明显加快。尤其是受本国大规模开采利用矿产资源、实施促进经济发展政策等因素的影响，蒙古国的经济规模、国内生产总值迅猛增长。依据市场经济理论，由于劳动与资本是决定生产与服务产出的最为重要因素，核算上述因素也成为经济学家研究的重点。就蒙古国的实际国情而言，虽人口相对稀少，劳动力资源也比较贫乏，但其具有自然资源丰富、畜牧业发达、幅员辽阔、地理区位好等优势。因此，在促进本国经济由快速发展向高速发展道路迈进的过程中，如何合理地利用人力资源问题成为本书所要研究的重要课题。

依据新古典经济增长理论，任何国家的经济发展及增长都与劳动、资本等生产要素相关。发展经济学家为进一步探究影响经济增长的相关问题，纷纷在柯布－道格拉斯生产函数的基础上进行了新的拓展和阐释，其中最著名且流传最广的经济模型为索洛（Solow）模型。在索洛模型所涉及的范围内，任何形式的经济增长都与劳动、资本、技术进步等要素息息相关。换句话说，推动经济增长的基本条件便是提高劳动、资本、生产技术水平，在实现经济增长的过程中我们可以参考以下各项指标：

（1）劳动力规模；

（2）从业人员的人均资本存量；

（3）从业人员的人均人力资本存量（学历水平）；

（4）生产技术水平；

（5）经济领域的总资本存量。

在其他要素不变的情况下，上述要素中任何一个要素的增长，都会使整体经济生产率随之提高。因此，经济越发达的国家劳动力生产率越高，高水平的劳动生产率意味着从业人员的人均资本存量水平高（大规模的机械设备、运输工具、信息通信网等能够为从业人员节省时间成本），从业人员的人均人力资本存量较高，具有丰富的知识和实践经验（拥有极强的有效利用资本的能力），以及拥有能够被高效利用的生产技术。在当今世界上，通过有效利用丰富的自然资源禀赋，跻身富国行列的国家并不少见。而蒙古国凭借自身所拥有的丰富自然资源，最近几年矿产业迅猛发展，自然资源的大规模开采为蒙古国经济发展提供了动力，其也将成为蒙古国未来的支柱产业。因此，蒙古国有机会通过利用自身的自然资源跻身发达国家之列。

当然，也有许多理论已经论证，利用自然资源发展经济通常会产生一些潜在的经济风险。"资源诅咒理论"认为，过度依赖优势资源的经济发展模式会形成挤出效应，导致其他行业停滞不前甚至萎缩，从而加大经济运行的风险。这也就意味着以自然资源开发为支柱产业的经济发展模式，容易受到产品市场需求、国际市场价格等因素的周期性影响。因此，从长远来看，培养文化素质高、拥有实践能力、经验丰富的劳动力是推动一个国家经济发展的不竭动力。

1.2　研究意义

虽然蒙古国人口数量稀少，劳动力规模小，但蒙古国资源丰富，若能够培养高素质的劳动力，将丰富的矿产资源与高素质的劳动力资源相结合，蒙古国的经济发展将会更加迅速。蒙古国《千年发展目标》提出，预计到 2021 年，蒙古国人均国内生产总值将达到 12000 美元，毋庸置疑，蒙古国需要为实现这一发展目标提供充足的劳动力资源。

在学术价值层面，本书通过分析蒙古国的各项劳动力指标，在总结其影响因素现状的基础上，试图明晰劳动力资源阻碍经济增长的各方面问题。该研究不仅可促进蒙古国制定科学有效的发展政策，实现经济社会发展的长期目标，更可明确揭示在经济增长过程中蒙古国劳动力的供求情况，以期为进一步深入研究、开发及利用劳动力资源提供较为系统的参考，填补该领域的研究空白。在现实层面，本书明晰了劳动力与经济增长之间的关系，为国家培养有文化、有知识、有经验、生产率较高的劳动力提供了方向性的指引，有助于国家在制订长期发展计划时，进一步重视较高的劳动生产率对经济产生的各种影响，推动国家通过切实提高劳动生产率为经济持续且高速的发展提供不竭动力。

1.3　研究目标及内容

本文深入研究蒙古国劳动力资源的情况，揭示劳动力对蒙古国经济所产生的多种影响，具体而言，在研究工作中拟完成以下几个目标。

（1）对蒙古国的劳动力资源储备、劳动力各项基本指标研究、国际劳动组织认定有关劳动力的各项基本指标进行归纳与总结。

（2）对在蒙古国发展过程中所涉及的有关经济增长与劳动力的各项指标进行对比性研究。

（3）阐明经济学家在经济增长方面的观点及理论学说。

（4）运用经济学研究的理论方法对蒙古国劳动力需求、供给及其影响因素进行分析。

（5）运用索洛经济增长模型对蒙古国的经济增长情况进行分析，并通过探讨劳动力的供求问题预测蒙古国未来经济增长趋势。

（6）通过对蒙古国经济增长的研究，提出促进蒙古国经济长期发展的政策建议。

1.4　研究综述

劳动力与就业率问题是经济学家、学者长期关注并予以研究的重要课题，他们从各个角度对劳动力资源进行了深入研究。而蒙古国国家统计局一直以来负责蒙古国劳动力资源的调查与研究工作，并自2002年开始，按照国际通行的办法对劳动力市场进行统计调查与研究。

（1）在相关课题研究方面：2010 年蒙古国开展了以劳动力与就业问题为主要普查内容的"人口住宅普查"工作，这次基础性的普查为研究劳动力市场提供了丰富、可利用的数据信息。这项调查与普查工作完全依据国际劳动组织、世界银行等国际组织的相关统计标准，其所获得的有关蒙古国当今劳动力与就业率的数据为本书的研究提供了最宝贵的基础性资料。此外，在 2010 年蒙古国国家统计协会公布的《人口住宅普查结果》中，笔者作为该项研究的主要参加人完成了题为"2010～2040 年未来人口预测"的项目。通过对基本数据的整理和分析，此项研究不仅阐明了国家、省市地区未来人口发展的综合趋势，而且对人口数量、增长率、年龄、性别结构等方面进行了较为细致的预测，为本研究奠定了良好的基础。

除上述由蒙古国国家统计协会主导的研究以外，与劳动力、劳动市场、就业问题相关的各项研究均由国际组织及有关政府部门完成。2011 年，蒙古国国家发展研究所完成了题为"人口定居、安居、劳动市场的研究"的课题，该课题重点研究了劳动力转型问题。2012 年，蒙古国雇主联合会完成了题为"建立健全与劳动生产率相关的工资、薪酬体制"的课题，针对工资薪酬与劳动生产率等问题进行了深入研究。

（2）在理论研究方面：众多专家学者对蒙古国劳动力及就业问题进行了研究，包括《对于迁入乌兰巴托市的公民就业率产生影响的因素分析》（Narantulga B.）、《劳务市场、劳务新关系、新世纪的工会》（Sodnomdorj N.）、《转型时期的劳动力市场》（Suvd B.）、《蒙古国劳动力市场统计分析》（Enkhjargal B.）等相关研究成果。其中，Narantulga B. Suvd B. 针对就业率与劳动力市场转型的相关性展开研究；Sodomdorj N. 将就业率与工会事业相结合进行研究。总的来说，尽管在有关就业率、劳动力方面的研究中，国外研究人员所完成的研究成果甚多，但鲜有具有较高理论价值的研究。一直以来，由蒙古国国家统计局公布的《劳动力研究报告》成为该领域研究中的标志性、权威性成果。

1.5 研究方法

本书研究主要遵循劳动经济学、区域经济学、发展经济学、人口统计学的相关理论，依据蒙古统计局公布的各种调查及普查资料，充分利用已公布的相关数据与研究成果，运用国际通行的概念与分析工具，从劳动力特征、就业率、经济增长的角度，运用索洛经济增长模型等定量分析方法，研究经济增长过程中劳动力的参与情况及影响程度。

目前，关于蒙古国劳动力与经济增长的研究工作十分有限，本书将对蒙古国的劳动力资源状况、就业状况进行深入研究，分析劳动力与经济增长之间的关系，力争将劳动力与经济增长、国家的经济政策及战略相结合进行研究，并对在蒙古国实施发展战略过程中劳动力市场现状及劳动力供求关系所产生的影响进行分析。在此基础上，研究劳动力的就业问题，针对经济活动人口、非经济活动人口、劳动力市场、就业转型、外籍或在海外的劳动力、工资薪酬、生产率等方面进行研究，逐步明确与蒙古国长期经济政策及战略相关的未来劳动力预算，运用索洛模型探讨如何使劳动力与经济发展相互促进。

第2章　劳动就业理论及统计方法

2.1　劳动就业方面的经济理论

在有关劳动就业率的理论中，约翰·梅纳德·凯恩斯（John Maynard Keynes）的学说占有极其重要的地位，他的著作《就业、利息和货币通论》成为欧洲资本主义世界的三大经典经济学理论之一，该著作问世于 1936 年世界经济大危机时期，对当时的经济理论、方法论及现实问题研究均产生了巨大的影响。

2.1.1　古典理论与新古典理论

亚当·斯密（Adam Smith）、大卫·李嘉图（David Ricardo）、阿尔弗雷德·马歇尔（Alfred Marshall）、阿瑟·庇古（Arthur Pigou）这些经济学领域优秀的代表人物，分别对就业的理论、方法、原则等方面进行过详细阐述。

2.1.1.1　亚当·斯密的理论

亚当·斯密在其《国民财富的性质和原因的研究》（以下简称《国富论》）中明确指出：人们的行为、欲望会以个人权益的形式着重表现出来。如果人想达到既定目标，往往会满足现有的成就。亚当·斯密的主要思想是明确了在市场自由竞争的条件下，个人的利益是一双看不见的手，它引导个人在无意中实现了增进社会福利的目标，在完成公共财富积累的过程中，也明确了分配的个人利益份额。

关于就业方面的上述构想是通过平衡需求与供给，实现全面就业。在这种条件下，国家对于自由竞争的干预是具有破坏性的，同时，节俭者的行为使财产成倍增长，每一位节俭者都是社会领域的慈善家，财产增长在超过生产需求一定程度的情况下可以得到实现。但亚当·斯密的理论恰巧驳斥这一原理，在超过生产需求的情况下，过度发展生产将会引爆社会危机。因此，某些经济学家认为应作出如下评论：过度节俭的行为在加剧社会贫困化的同时导致就业人员失业，并降低其工资薪酬、破坏生产者的积极性，使经济发展受到限制。

此后，亚当·斯密与大卫·李嘉图创立了劳动价值论，并将其运用在对资本主义市场的分析研究中。该理论认为，价值取决于劳动量，在我们把它当作仅有的衡量工具的情况下，亚当·斯密提出的分配理论，即"劳动工资、资本利润及土地地租自然率的决定理论"在当今社会仍具有重要意义。

2.1.1.2 巴蒂斯特·萨伊（Baptiste Say）的理论

古典经济学家认为，市场具备全面且有效利用劳动力资源的潜在能力，劳动力市场上的自由调节必然会实现充分就业，失业只是局部和暂时的现象，并将非国家干预政策视为最佳的经济政策。西方的就业理论在资本主义市场经济规律的基础上得以发展，其中，亚当·斯密理论的继承者——巴蒂斯特·萨伊对就业理论做出了重大贡献。

他认为生产的三要素——劳动、资本、土地均在生产中获得收益，收益分别为工资、利润、地租。因此，萨伊将政治经济学划分为三个部分，即财富的生产、财富的分配与财富的消费，这就是政治经济学中著名的"三分法"。他抽掉资本主义这一特殊的社会经济形式，把它变成生产一般。他认为生产不创造物质，只是创造效用，把物品满足人类需要的"内在力量"叫作"效用"。物品的效用是物品价值的基础。他认为，劳动、资本和自然力（如土地等）协同创造产品，提供效用，从而协同创造价值。对这三种生产要素的使用，要支付代价，也就是对它们各自提供的生产性服务要给予报酬，劳动得到工资、资本得到利润、土地得到地租。他完全否定劳动决定商品价值的观点，认为工资、利润和地租这三种收入构成价值，它们组成商品的生产费用，生产费用决定商品价值。他还把生产费用和供求论结合起来，借助于供求关系，把随供给和需求的变动而变动的价格作为测量物品价值的尺度。萨伊认为资本、土地如同劳动一样能提供生产性服务，创造效用，具有创造价值的能力，因此，也具有创造收入的能力。劳动—工资、资本—利润、土地—地租，这就是"三位一体"公式。①

此外，经济学家还将就业与市场中的产业规模相结合，并运用价格理论进行深入的阐释。因销售产品的数量不仅与费用的总价有关系，而且与单位价格具有直接关系，所以购买价格的降低导致生产规模缩小，商品的价格降低。依据古典经济理论，生产资金导致薪酬资金减少与劳动报酬份额的稳定，而劳动力价格的降低在增加劳动力的同时更为经济规模的扩大创造了条件。由此，古典经济学家认为，政府不应该对经济发展采取全力以赴的方案或消除产生失业的可能，而是应充分尊重储备利息、价格及薪酬等市场中的各种调控杠杆的作用，市场具备自主调控经济的能力，而国家对经济发展提供的所谓帮助与支持不仅会导致生产过剩更会产生其他危害。

---

① 引自百度百科，http://baike.baidu.com/link?url=s7uUGrtAY-B_k_Y4eB_L1kXhPIIb2tR2Ut8-RQvVfbv6abpJzrHl1vkgetX1FuxaT06KRqvqgljqnuS-Qoj_3a。

2.1.1.3 阿尔弗雷德·马歇尔的理论

新古典经济理论的主要代表人物阿尔弗雷德·马歇尔及巴蒂斯特·萨伊的生产三要素理论已通过组织因素得到了丰富和发展。萨伊以生产三要素理论为基础提出了"三位一体"的分配公式,他认为,储备利息、薪酬、租金数额的水平这三项收入分别来源于资本、劳动、土地,它们不仅构成了创造效用的生产费用,并各有自己独立的源泉。而阿尔弗雷德·马歇尔在沿袭了生产三要素理论的基础上,将"组织"作为生产费用中另一个重要的要素进行补充,他认为在组织因素中,组织机构、管理策略、企业家才华能力等因素的作用不容忽视。企业获得超额的生产经费、商品超过利润常规水平的价格,均源于生产管理、管理能力、知识和策略的收入。同时,为使就业率保持在一定水平上,需要发挥需求与供给的杠杆作用。按照上述理论,调控所有因素的最终杠杆是消费需求及其在市场运营过程中所发挥的实际效用。如同将悬挂起来的石头向一个方向推动后石头会重新回到平衡状态一样,在需求与供给稳定平衡的情况下,会产生使其重新回到平衡的力量并立即发挥作用。

2.1.1.4 阿瑟·庇古的理论

阿瑟·庇古是阿尔弗雷德·马歇尔的弟子及继承人。他在1933年出版的名为《失业论》的著作中提到了有关就业的所有古典理论。阿瑟·庇古将失业的基本原因视为在工资薪酬很高的情况下,为使工资降低而导致生产成本的减少,进而增加了失业,可将其视作并未获得货币性薪酬而获得了实际薪酬。阿瑟·庇古虽在著作中提到单一支点的思想,即由雇主与广大从业人员代表制定协议来明确实际工资水平的理论,但依照协议来决定真实货币工资或名义工资又是极具争议的。根据阿瑟·庇古的相关理论,在货币工资不变的情况下,价格上涨导致实际工资降低,而相比于价格尚未增长时期与实际从业人员的数量而言，劳动力供给的规模并未减小。因此，支持阿瑟·庇古观点的学者逐步明确了影响就业率的另一项因素——实际就业率的意义，在尊重获得薪酬的劳动者之间的自由竞争、完善劳动力转移性活动，以及在从业人员不屈不挠的要求下，将实际工资价目表与就业率进行有机结合。

2.1.2　卡尔·马克思（Karl Marx）的就业与失业理论

有关就业的理论在卡尔·马克思的著作中占有重要地位，他将三项重要的理论相结合进行论证：①剩余价值理论；②资本有机构成理论；③人口绝对过剩和人口相对过剩理论。

剩余价值理论是马克思在相关研究的基础上，对劳动力的实质与特点进行的研究。在资本主义市场经济的条件下，劳动力是商品，而且是具有特殊性质的商品。雇主获得的从业人员的劳动力价值总量，与雇主支付回报中劳动力价值和剩余价值总额相等。购买可被利用并能够创造出更多新价值的劳动力的专用资本，被马克思定义为可变资本 V；购买方在再生产过程中使用的劳动工具、材料等事物，即产品生产中所消耗的物化劳动的转移价值，通常被称为不变资本 C；新创造的价值或剩余价值被定义为剩余价值 M。综上所述我们可以将商品的所有价值表示为 C + V + M。

不变资本与可变资本的对比关系被称为资本的有机构成。在资本有机构成没有变更的条件下，就业率会凭借资本的增加实现直接增长。生产行业的企业家为了获得极多的剩余价值，对保持私有产品的价值低于社会平均值抱有浓厚的兴趣，为此将资金投入在技术设备革新中。通过运用上述措施减少可变资本，使劳动力的需求相对减少，致使劳动力数量的增长速度与全部资本及总体社会生产的增长相比较而言大幅度持续减少。

11

　　马克思认为，在资本主义制度下，在实现资本积累的过程中将生产出更多的资金储备，相对于资本增值的需要而言人口出现过剩现象，可以说，相对人口过剩是资本主义生产方式特有的人口规律。在采取各种形式研究人口相对过剩之后，最终确定为流动的过剩人口、潜在的过剩人口、停滞的过剩人口这三种形式的人口相对过剩。流动的过剩人口是指临时失业的劳动力，大批的从业人员流动性地投入到某一项工作中，尽管在一定的劳动力百分比中有所增加，但与生产数量相比，从业人员所占的百分比却减少了。潜在的过剩人口指农村过剩人口，从外部来看他们虽是劳动力，但实际上却处于半失业状态，在有条件的情况下可将其向城市输入或转型从事其他种类的劳动。停滞的过剩人口是指很难再找到正式工作，无法固定进行转入劳动，但短期内可进行零散形式工作的劳动力。

2.1.3　约翰·梅纳德·凯恩斯的就业率理论

　　约翰·梅纳德·凯恩斯是著名的理论家并且是宏观调控资本主义就业的经济理论奠基人。他是 20 世纪最优秀的一位经济学家。他的代表性著作《就业、利息和货币通论》是在对经济进行研究分析中所完成的理论变革。他在著作中提出：我们的生活中存在经济社会缺陷，即没有能力解决所有失业人员的就业问题，并且存在凭借意愿、不公平的手段来分配资源和收入的情况。凯恩斯和他的同人论证了在资本主义的市场经济中不存在生产和就业完全同向发展的强大自动机制，失业及通货膨胀的产生并不是由于外部原因，而是取决于经济结构内部的自我调控能力，因为经济无法通过调控来实现平衡，所以生产和就业之间会产生波动。因此，凯恩斯在对阿瑟·庇古的理论进行评价时也写道："古典的理论无法对货币或名义工资薪酬降低对就业产生何种影响的问题作出答复，古典理论在这一问题上并没有制定出分析方案。"

凯恩斯提出了以解决就业问题为中心的理论体系，并以有效需求原理作为基础与起点，其提出的有效需求是指商品的总供给价格和总需求价格达到均衡时的总需求。因此，增加市场的容积及扩大商品的供给成为资本主义市场中补充性生产的关键问题。自巴蒂斯特·萨伊及大卫·李嘉图时代开始，依照古典经济学家的观点即供给创造了需求，但人们的生活无法得到保障，无法保证有效需求所以机械设备运转不力、生产滞后，并最终在危机的压力下造成了失业，因此政府需要对需求的总体规模实施长期干预。只有在扩大规模的情况下才能创造降低失业率的条件，但是与此同时，在需求减少的情况下，物价会上涨从而产生通货膨胀。凯恩斯认为，既然在资本主义市场经济中无法实现经济的平稳发展，那么，由国家采取宏观经济政策产生有效需求便是至关重要的。

在经济学领域，凯恩斯最早制定了资本主义市场经济需要实施的必要调控，并明确了各项主要方针，这不仅对当时的经济发展具有重要意义，对现代经济发展也具有同样重要的意义。运用古典理论审视就业时，失业往往具有"临时性"和"自愿性"两种形式。而凯恩斯对传统失业理论进行补充时提出了"非自愿性失业"的概念，其是指如果工资产品的价格较货币工资稍微上涨，劳动者愿意在当时的货币工资条件下提供劳动供给，而在同一时间的总劳动需求大于就业量，那么就有非自愿性失业的存在。总之，非自愿性失业产生的原因便是有效需求不足，只有消除了非自愿性失业，充分就业才能实现。为此，凯恩斯进一步阐释了就业率与工资薪酬问题所产生的负面现象，其在著述中指出：在其他的条件并未改变的时期内，在相关的货币工资薪酬降低的情况下就业率不可能直接提升，并且通常情况下由于工资薪酬的降低导致的失业是无药可救的，在从业人员为了工资薪酬的提升而斗争的情况下雇主不会将事态向相反的方向指引，但是在其他领域内从事劳动的同道中人会予以抗议，因此这种斗争在诸多行业的从业人员之间的实际工资的变化过程中会产生具有指引性的负面思想。凯恩斯认为增加公司薪酬是十分重要的，因为在这种情况下，需求增加的同时也会扩大市场规模，从其他方面来看通货膨胀导致工资薪酬的降低是没有错误的，因为虽然工人们极力反对工资薪酬的降低，但物品价格的提升也不会导致大规模罢工的产生。可见，凯恩斯关于就业率问题的思考是站在劳动者和雇主双方共同立场上的。

凯恩斯一方面寻求如何在增加有效需求的同时降低失业率，另一方面论证国家实施经济调控的重要性，即通过制定调控方案和机制实现充分就业。具体而言，为了增加总体需求，降低失业率，政府采取一系列的财政货币政策即增加公共开支，降低利息率来刺激消费，增加公共投资弥补私人投资的不足，以提高有效需求。其中国家的公共开支是政府为市场提供公共服务所安排的支出，可大大提升有效需求，并在税款降低的情况下投资实业，在发展生产的过程中鼓励雇主发挥积极性，实现整个社会的充分就业。凯恩斯不仅仅向各国政府提出了增加公共支出的要求，他还提出了产生预算损耗及恢复生产的观点，这些有关失业者重操旧业的指导思想不仅创造出许多奇迹，更为总统富兰克林·罗斯福（Franklin D. Roosevelt）使国家从深重危机中摆脱出来，造就伟大事业提供了重要的执政参考。

凯恩斯的充分就业理论在诸如罗伯特·索洛等的著作中得以丰富和发展，并影响了在其之后各个时代的众多优秀的经济学家及政治家，英国经济学家、政治活动家 Jonh Streichi 在组织制定工党党员的经济改良主义活动时就广泛运用了凯恩斯理论。

2.1.4 供应经济学派、制度经济学派、理性预期学派的理论

从第二次世界大战结束至 20 世纪 70 年代，各资本主义国家发展

普遍遵循了凯恩斯理论的要求，并在通货膨胀及失业率增加所带来的遗留问题越来越罕见的实际情况下，证明了这一历史性依据的正确性。自 20 世纪 70 年代末开始，凯恩斯理论开始逐渐大规模地倾向于生活领域。从事通货膨胀与失业率关系研究的英国教授菲利普斯（Alban William Phillips）运用经验主义的方法揭示了通货膨胀速度与失业率水平之间具有倒数比例关系，并将其命名为"菲利普斯曲线"。

自 20 世纪 70 年代开始，大部分资本主义国家失业率上升与物价飞涨的问题同时出现，即产生了滞胀（两者相混合）的情况。而滞胀导致了对凯恩斯的学说进行的否定和指责大大增加，供应经济学派、制度经济学及理性预期学派从不同的角度解释了当时的社会经济问题。

供应经济学的主要思想是鼓励推动总供应的发展，使其在生产和就业积极发展和提升的过程中得以并存。供应经济学着重强调"供给第一"，主张刺激经济供给解决滞胀问题。

早在 19 世纪末 20 世纪初开始，便有 Gilbreth J.、Veblen T. 等专家学者对制度经济学理论进行开创性论证。其基本思想是从对经济生活产生影响的经济、社会法律、政治环境等各种因素的集合体出发审视经济行为，其目的是为了扩展并实施各种社会性纲领。该理论还认为国家应该对其生态、教育、医疗卫生事业予以保护，因失业问题是合理的社会经济制度也无法均衡的问题，所以，为就业提供有力的保障比增加工资薪酬更加重要。

理性预期学派由学者 Sergeant T.、Walles N. 等人创立，并自 20 世纪 70 年代中期开始得到极大扩展。市场的各项"合理性"目标，即消费者和雇主在获得信息的同时，理解领会经济将如何运转的问题，并预感到在经济领域内将发生的诸多变革和其后续影响，作为基本信息做出合理的经济决策。而传播的新消息如果在短时间内影响到了市场的各项目标，便具备在均衡性价格下调控生产数量及规模的能力，同时，就业就能够根据国家政策的新情况及变化在短时间内进行调控性的革新。总之，理性预期学派依靠微观经济学理论并将宏观、微观的各种理论相结合，迎合了相关的学说，但其因存在各种反对公平公正的因素而同样具有诸多负面影响。

2.1.5　弗里德曼的自由主义与货币理论

自由主义经济的创立者且公认的带头人是美国经济学家、1976年的诺贝尔奖获得者米尔顿·弗里德曼，他提出货币供给是生产价值基准的决定因素，通货膨胀在根本上源自货币供给量。货币主义（通货主义）的核心是货币至关重要，货币供应的变动影响产量、就业及物价变动，货币也是影响这些变动的主要因素和根本原因。同时，市场经济不仅具有高竞争性，更具备使其自身进入正轨的自我调节能力。他认为国家干预是通货膨胀、经济不稳定的基本原因，虽然自由市场的结构体系可保证宏观经济的稳定性，但在政府干预的情况下会产生结构体系不稳定与周期性等各种异常现象。因此，货币（通货）理论与古典经济理论持有相同的观点。

弗里德曼在凯恩斯流动偏好函数的基础上作了一些发展补充，建立起自己的货币需求函数 $M \times V = P \times Q$（货币总量×货币流通速度＝经济产出×价格水平）。$M \times V$ 即消费者购买商品时所花费的货币总金额，$P \times Q$ 是该商品购买的最终价格。弗里德曼突出强调货币需求函数是稳定的函数，以尽可能缩小货币流通速度发生变化的可能性及其对产量和物价可能产生的影响，以便在货币供给量与名义国民收入之间建立起一种确定的可以做出理论预测的因果关系。在短期内，货币供给量的变化主要影响产量，部分影响物价，但在长期内，产出量完全是由非货币因素（如劳动力和资本的数量、资源和技术状况等）决定的，货币供给只决定物价水平。货币主义的核心命题是货币在经济活动中最重要，主张货币发行增长率要保持一个不变的速度，让经济中的个体对通货膨胀有充分的预期，这种货币导向机制被称为"弗里德曼规则"。货币主义认为货币是重要的，货币存量的变化是解释货币收入变化的最主要因素。通货膨胀在任何时候都是一种货币现象。货币需求函数是一个稳定的函数，意指人们自愿在身边贮存的平均货币数量，与决定它的为数不多的几个自变量之间，存在一种稳定的并且可以借助统计方法加以估算的函数关系。弗里德曼认为最好的政策方针是使货币供给量始终按照一种事先规定的、固定不变的比率，比如每年 4% 的增长率。政府应该放弃对经济进行微调而代之以"坚持固定的规则"，避免干预自由的市场。①

米尔顿·弗里德曼认为，从执政的角度来看，为低收入的公民提供福利、为保护老弱病残及弱势群体提供支持政策，都是没有任何经济效益的举动。米尔顿·弗里德曼在其著作中，提出了解决货币、货币流通、货币信贷政策的战略和战术问题，他在反对凯恩斯的预算针对税款调控理论的同时，指出国家的各项调整略微超过极限是合理的。其主要观点在于强调无论何种市场形态，经济的预期性以及保持货币发行的稳定性都极为重要。货币主义（通货主义）学说对处于商品世界范围内的货币及影响经济发展的货币政策进行基础性研究，而货币主义（通货主义）理论对于里根、撒切尔等各政要在执政时期所实施的国家政策产生了历史性影响。

2.1.6 新古典综合派

纵观经济学的发展，经济理论可分为古典理论与新古典理论，也

---

① 百度百科 http://baike.baidu.com/link?url=yO_nX6GEnTun7T5ODDb2TPke4VqszsTTeYexZz5aNmqfUvUKcbsM6-kC7nLJJGUiB0dYdvL2eohQhLPuhVQr5_。

可以说是凯恩斯理论与新凯恩斯主义者的理论。前者主张强调保持、巩固、加强、扩展自由市场的总供给；后者则宣扬推动总需求的发展，实现国家的经济干预及调控任务的有效完成。随着经济学理论的不断发展，在近三四十年里许多专家学者认为运用市场与国家调控相结合的措施势在必行，因此产生了新古典经济学派。

新古典经济学派的代表人物是美国的著名专家学者，也是1970年诺贝尔经济学奖的获得者保罗·萨缪尔森（Paul Samuelson），其名为《经济学》的上、下两卷教科书被翻译成多国语言，影响了一代又一代人。萨缪尔森将宏观经济学与微观经济学相结合，对凯恩斯的就业理论与财政政策进行极其准确地阐释，同时合理有效地将传统的价值与分配理论融入其个人的解释。新古典经济学派中大多数的经济学家都接受凯恩斯主义和货币主义（通货主义）理论中存在的各个特殊方面，并在研究宏观经济学的过程中创立了许多经典的经济分析曲线、公式及术语。

新古典综合学派是将以马歇尔经济理论为代表的新古典经济学与凯恩斯主义经济理论综合在一起。其核心思想是在采取凯恩斯主义的宏观财政政策和货币政策来调节经济活动，使经济能避免过度的繁荣或萧条而趋于稳定的增长，实现充分就业。因此，新古典综合学派的特色在于将凯恩斯的就业理论同以马歇尔经济理论为代表的新古典经济学的价值论和分配论组合为一体，组成一个集凯恩斯宏观经济学和马歇尔微观经济学之大成的经济理论体系。新古典综合派认为，要解决经济面临的一系列问题，在对需求进行分析的同时，还需要对供给进行分析。在20世纪30年代经济大危机的特定环境下，凯恩斯注重有效需求而忽视解决供给的重要性。但长期以来，由于国家政府忽视了对供给问题的解决，因而造成了环境污染、公害横行、结构性失业等一系列问题，使社会出现了多种并发症。面对这一形势，新古典综合派认为必须对供给进行分析，还把现代经济称为混合经济。萨缪尔森指出，当代发达国家是既不同于自由市场经济，又不同于计划经济的混合经济，市场价格机制和国家经济干预的有机结合是经济良性运行的基本前提，此为新古典综合的现实基础。根据新古典综合派观点，混合经济包括两个部门：国家管理的公共经济部门和市场机制发挥作用的私有经济部门。国家调节是为了预防和对付经济衰退；发挥市场机制是为了合理配置和充分利用资源，以提高经济效益。[①]

总之，新古典综合学派作为当代一个重要的经济学派，不仅考虑到政府宏观调控与市场微观调节如何协调的问题，而且将实证分析与规范分析有机结合，主张根据经济形势科学灵活地运用收缩与扩张的政策。它填补了经济学理论界的空白，虽自 20 世纪 70 年代以来，该学派面临了巨大挑战与众多质疑，但我们仍不能忽视其在经济学发展过程中所做出的巨大贡献。

2.2　劳动市场统计指标及核算方法

2.2.1　劳动市场的各种基本概念

在蒙古国范围内，对就业、劳动力信息、报告发布及相关组合指标进行核算时，通常会运用到核算就业率、劳动力的统计指标方法等，其涉及一些由国际贸易组织（世贸组织）颁布的标准型概念，具体而言分为以下几种。

（1）"市场经济活动"是指用于市场范围内或个人使用范围内，使所生产的商品与服务建立联系的行为活动，并涉及国家核算系统范

---

①　http://baike. baidu. com/link?url = − 002gaGgkGN _ WvjJqQCbV766aphLjLrUaVMaVEQlgyJwsVc-qoR2wFtMDas6LjaesvmA3jy0aE2M9erHY05KJfa.

围内的商品及服务的买卖、交换；在自身产业领域使用目标所制定的包含原材料及市场供应的产品与服务；在市场买卖，并在个人使用目的基础上私家生产的产品服务。

（2）"非市场经济活动（家庭经济活动）"是指涉及关爱少年儿童及老年人、家庭卫生健康、饮食储备等不获取工资薪酬和收入的行为活动。

（3）"劳动适龄人口"。根据蒙古国《劳动法》的规定：15岁至59岁的人口。（参见《劳动法》第40章第1款第3条、第109章第2款）

（4）"劳动适龄且具有劳动能力的人口"是指存在劳动能力以及部分失去劳动能力的人口，在较短的时间内（6个月）具有恢复劳动能力可能性的劳动适龄人口。（参见"确定劳动能力缺乏的部分和时间，关于更新并确认清单的"卫生部部长、劳动与社会保障部部长于2008年12月17日联合发布的编号为274/137的命令）

（5）"劳动适龄但无劳动能力的人口"是指永久失去劳动能力或长期失去部分劳动能力，且没有恢复劳动能力可能性的劳动适龄人口。其中，"虽然不具备劳动能力但是有从事劳动可能性的劳动适龄人口"在相关时段内具有经济领域积极性的人口也被计入在内，且包括一直以来获得工资薪酬和收入的残疾人。

（6）"具备劳动能力但尚未就业的劳动适龄人口"是指虽然是劳动适龄人口具备劳动能力，但由于尊重或被尊重的原因而没有劳动权利的人口。

（7）"经济活动人口"是指被包含在国家核算系统范围内，在相关时段内生产产品及提供服务的过程中，一直以来作为供应劳动并在供应的过程中完全劳动的从业人员。经济活动人口分为永久经济活动人口、在相关时段内的经济活动人口这两大类。

（8）"长期经济活动人口"是指在很长的时间段内或在最近的 12 个月内，在具有基本行为活动的情况下，工作过及未工作过的劳动适龄人口。

（9）"在相关时段内的经济活动人口"是指最近一周内，在从事基本行为活动的情况下，得到确认的从业人员和无业公民。

（10）"非经济活动人口"是指与经济活动人口不相关的所有劳动适龄人口，并且涉及非劳动适龄人口及超龄人口。非经济活动人口还与劳动的环境、特点有关，包括已达到退休年龄并已经获得退休金及补助金的人口、在 6 个月以上的时段内短期丧失或完全丧失劳动能力的公民、劳动适龄以下的学生、由于被尊重和非被尊重原因而不具备劳动权利以及未达到劳动年龄的人口。总的来说，非经济活动人口分为两大类：永久非经济活动人口、在相关时段内的非经济活动人口。

（11）"在相关时段内的非经济活动人口"是指最近一周以内，在校学习、在家中劳动、领取退休金的高龄退休人员、残障人士等在相关时段内与从业人员及失业者无关的人口。

（12）"在家中从事劳动的人口"是指负责照顾少年儿童、高龄老人及患病人士的家庭成员由于工作的特殊性而尚未就业，在相关时段内的基本行为活动计入非经济性行为活动的劳动适龄人口。

（13）"劳动适龄学生"是指在各类级别的学校（高等院校、专科学院、专业教育、生产中心）学习 6 个月以上的劳动适龄公民。

（14）"从业人员"是指以获取工资薪酬和收入为目的参与经济行为活动，一直以来与所从事的任何一种劳动相关的公民。在以获取工资薪酬和收入为目的并参与经济行为活动的情况下，在最近的一周内参与了一小时以上的被视为从业人员。

（15）"有工资薪酬的从业人员"是指劳动及执行工作的，以薪酬形式签订书面协议、口头协议，在双方达成共识的情况下从事劳动，劳动的期限遵照《劳动法》《民法》及其他相关法律法规的规定，从雇主那里根据劳动及提供的服务以货币及非货币的形式来获取工资薪酬的公民。

（16）"长期性的员工"是指在长期性的工作岗位上从事劳动并拥有正式的协议，由雇主负责支付其税款和社会保险的手续费用，劳动的期限遵照《劳动法》和有关国家公务的法律法规的规定来实施调控的公民。（参见《劳动法》第3章第1款第15条）

（17）"季节性员工"是指在具有季节性质的长期性工作岗位上从事劳动，拥有正式协议并由雇主负责支付其税款和社会保险的手续费用，劳动期限遵照《劳动法》和其他相关的法律法规的规定来实施调控的公民。

（18）"临时性员工"是指以劳动和薪酬的形式，其劳动关系通过《劳动法》和《民法》的规定来明确调控的工作与服务，劳动的执行协议与行为活动的特点相关，从事6个月期限内的劳动，获得的工资薪酬和收入与经济积极性的人口相关，税款和社会保险的手续费由个人承担的公民（此项与一直以来从事计时性工作的劳动适龄学生无关）。

（19）"非全日制计时性从业人员"是指从事劳动并签订了劳动协议，虽然劳动的期限按照《劳动法》和《民法》的规定来实施调控，但其从事的是比一周工作时间和常规工作日的持续性时间稍短一些的劳动，并以此获取工资薪酬和收入，税款和社会保险的手续费由雇主及其个人共同负担的公民（注：此项与从事计时性工作的劳动适龄学生无关）。工作的形式涉及对时间的计算及从事非全日制的劳动。（参见《劳动法》第70章第1款）

（20）"协议性从业人员"是指签订了按薪酬工作的书面劳动协

议或者口头协议，并在双方达成共识的情况下从事劳动，劳动关系按照《民法》及其他相关法律法规的规定实施，为雇主提供劳动和服务，并以货币及非货币形式获取工资薪酬和奖励的公民。（参见《民法》第 359 章）

（21）"非正式就业者"是指从事与正式登记注册及受社会保障无关，不被列入企业组织经营范畴，非农牧业，非法律禁止的劳动与服务的公民。

（22）"少年儿童的就业"是指 5～11 岁从事经济行为活动的少年儿童，从事轻型劳动达到每周 14 个小时以上的 12～14 岁的少年儿童，每周从事 43 小时及以上劳动的 15～17 岁的少年儿童。

（23）"非全日制就业"是指在相关期限的行为活动范围内，从事劳动或有加班意向的工作时间比最低限时还要少，在工作完成的条件下并未全部运用相关人员所掌握的专业技术能力。

2.2.2　各项关于就业率和劳动力统计指标的计算方法

蒙古国就业率和劳动力的各项指标运用了国际劳动组织制定的方法进行计算。

（1）具有劳动能力的劳动适龄人口：劳动适龄总人口数量减去无劳动能力的劳动适龄人口的数量。

（2）经济活动人口：劳动适龄、参与经济行为活动、提供劳动力的劳动者总数占现有劳动力供应过程中的无业公民、未达到劳动适龄的和超过劳动适龄的参与经济行为活动的人口数量总和的比例。

（3）长期性的经济活动人口：在较长的期限内或最近 12 个月的期限内，在从事基本行为活动过程中，工作过及未工作过的劳动适龄人口数量的总和。

（4）相关时段内的经济活动人口：在工作过及未工作过的最近的一周里从事过行为活动的情况下，一直以来被界定的从业人员与无业公民数量的总和。

（5）劳动力参与率：经济活动人口的数量与劳动适龄人口数量的比值。

$$劳动力参与率 = \frac{经济活动人口的数量}{劳动适龄人口数量} \times 100\%$$

（6）就业率：劳动者的数量与经济活动人口数量的比值。

$$就业率 = \frac{劳动者的数量}{经济活动人口的数量} \times 100\%$$

（7）失业率：失业人口的数量与经济活动人口数量的比值。

$$失业率 = \frac{失业人口的数量}{经济活动人口的数量} \times 100\%$$

（8）长期性的失业率：在较长的时期内一直无业的公民数量与经济活动人口数量比值。

$$长期性的失业率 = \frac{在较长的时期内一直无业的公民数量}{经济活动人口的数量} \times 100\%$$

（9）青年人失业率：15～24岁无业公民的数量与15～24岁经济活动人口数量的比值。

$$青年人失业率 = \frac{15～24岁无业公民的数量}{15～24岁经济活动人口的数量} \times 100\%$$

（10）非经济活动人口：劳动适龄且具有经济活动能力但未参加经济活动的人口、与劳动力无关的人口数量、未达到劳动适龄的人口数以及超过劳动适龄人口数量的总和。

（11）长期性非经济活动人口：总人口数量减去长期具有经济积极性人口数量的差值。

（12）相关时期内非经济活动人口：总人口数量减去相关时期内

的经济活动人口数量的差值。

（13）非经济活动的水平：非经济活动人口的数量与劳动适龄人口数量的比值。

$$非经济活动的水平 = \frac{非经济活动人口的数量}{劳动适龄人口的数量} \times 100\%$$

（14）具有劳动能力但尚未就业的劳动适龄人口：具有劳动能力的劳动适龄人口的数量减去经济活动人口、超过劳动年龄领取公司补助的人口以及不参与经济行为活动的人口数量的差值。

（15）非全日制的就业率：有工作意愿并从事临时性工作的劳动者及从业人员的总和占总劳动人口的比例。

（16）就业的少年儿童数量：所有 5～11 岁从事经济行为活动的少年儿童、每周从事 14 小时以上轻型劳动的 12～14 岁少年儿童、每周从事 43 小时和 43 小时以上工作的 15～17 岁少年儿童数量的总和。

（17）就业弹性：就业弹性是世界贸易组织颁布的劳动力市场的 20 项指标之一，且可以为我们展示经济增长对就业增长的拉动程度。具体说来，就是表示在经济增长 1.0% 时就业率将随之变化多少百分比。就业弹性的公式如下：

$$\varepsilon_e = \frac{g_e}{g_y} \tag{1}$$

ε_e 表示就业弹性，g_e 表示就业增长率，g_y 表示实际国内生产总值增长率。

2.2.3　工资的计算

工资是劳动力市场中一项重要的概念，在劳动者从事劳动时起到杠杆作用。一方面，工资是指劳动的价格，由劳动力需求和供应的平衡来决定。某个国家的平均工资决定保证人口生活的基本水平；而从另一方面即企业的角度来说，工资是在利用人的劳动之后所支付的，是符合其劳动数量及质量要求的情况下合理的工资款项。工资可分为名义工资与实际工资。

名义工资是指为一直以来从事劳动的人们所支付的所有货币的金额，其体现人口的总体水平但不以实际形式体现生活水平。

名义工资指数是指在报告期间和基本期限（年、季度）中，当年平均名义工资在上年平均名义工资中所占的份额（百分比、利率）。

$$名义工资指数 = \frac{当年的平均名义工资}{上年的平均名义工资} \times 100\%$$

实际工资是由名义工资形成交易的服务数量规模所决定的。实际工资与名义工资具有直接的关系，与商品服务价格具有相反的关系。在名义工资增长率的份额及数量比产品服务价格增长率的份额及数量多出许多的情况下，实际工资随之增长。

实际工资指数是通过名义工资的使用价格指数来区分的，是体现购买力变化的指标，体现了名义工资指数占消费物价指数的比例。

$$实际工资指数 = \frac{名义工资指数}{消费物价指数} \times 100\%$$

平均工资是指在规定期间内，发放给从业人员的工资及收入总额占从业人员数量的比例。

$$平均工资 = \frac{从业人员的工资及收入总额}{从业人员数量} \times 100\%$$

在劳动力的价格或工资份额方面，其总体水平与评估是两个有区别的概念。工资总体水平是指在相关某一时期内所取得的总工资，而工资评估是按照相关某从业人员完成工作的最终功效来决定工资数额，并根据完成情况发放工资的评估形式。

2.3　经济发展理论与劳动力理论

经济增长率会对国家的社会经济产生重要影响，国家出台的政策应以经济增长率的提高为目标，这不仅因为经济增长可降低失业率、增加人口的实际收入，从而提高生活水平，更重要的是人口就业率依靠经济增长率，并与之相互作用。具体而言，经济学家在探索如何实现经济增长方面持有不同的观点。

2.3.1　凯恩斯主义与供应经济学理论

凯恩斯主义的遵循者将经济或国民生产总值、国内生产总值实际数额无法在合理的水平增长与总需求量较小相结合进行阐释，也就是说需求小于供给，所以在商品及产品无法销售的情况下供给亦无法增长，因此，他们主张在信贷利息降低的同时扩大投资。

供应经济学理论的支持者认为，削减政府开支，通过大幅度减税免去人们信贷利息中的税款，降低各个企业的分配税，鼓励增加积累，将投资从税款中解放出来，运用优惠途径鼓励在生产过程中制定并推行既定方针是十分合理有效的。

2.3.2　新古典经济增长理论及模型

经济学家认为制定并推行促进工业化进程的政策是十分合理有效的，主张凭借高效率产业为实现经济增长目标而提供支持并推动其发展。从各因素影响程度的角度来看，经济增长率分为两大类：高效率与非高效率。一切可能的经济增长都取决于供给的各项因素，包括：自然气候条件及自然资源的数量及质量、劳动资源的数量及质量、资本数额及生产技术水平。从经济增长率的结果方面来看，新凯恩斯主义在对长期稳定的经济增长率进行研究时创立了经济稳定增长理论。按照这一理论，经济长期稳定的增长依靠劳动生产率、资本积累及人口增长，其中最有影响力的是将劳动力数量及劳动资源转变为经济增长基本要素的经济增长理论，即新古典增长理论中的索洛－斯旺增长模型。

该模型是在新古典经济理论范畴内，分析劳动生产、资本积累及生产技术水平对经济长期稳定增长的影响，并明晰了以下因素可对经济增长产生影响：劳动（劳动资源的数量、质量）、土地（土地等自然资源的数量、质量）、资本（投资、资本存量、技术水平），上述这些要素无论缺少哪一项都会导致生产无法进行。因此，就业或生产力水平不仅仅是经济领域的基本要素，更是经济增长的最主要因素。罗伯特·索洛在新古典经济学框架内提出外生经济增长模型，模型的数学公式如下：

$$Y = F(K, L) \tag{2}$$

Y 表示生产的规模，K 表示资本的规模，L 表示劳动的数量及规模，F 表示生产的规模与资本、劳动规模相关系数。

在上述情况下，生产规模只与资本、劳动的变化相关，而资本的变化在某年投入的资金则通过从投入中减去当年折旧的差额来决定，即：

$$dK = I - A \tag{3}$$

其中，dK 表示资本的变化，I 表示投资，A 表示折旧。

在资本存量被改变的情况下，生产规模也随之改变，并且这一改变与资本规模变化乘以资本发展性产品数量的乘积相等，即：

$$dY = MPK \cdot dK \tag{4}$$

dY 表示在资本变化效益基础上的生产规模变化；MPK 表示资本

边际产量，资本边际产量是指多投入一个单位资本（假定其他的投入因素恒定）所得到的产量的增量，用数学公式表示为：

$$MPK = dY/dK \tag{5}$$

$$MPK = F(K+1,L) - F(K,L) \tag{6}$$

$F(K,L)$ 表示资本积累增加以前的生产规模；$F(K+1,L)$ 表示资本积累增加一个单位后的生产规模。

按照上述公式核算，受边际效益递减规律的影响，在资本规模增加的情况下，生产规模随之增加的认识是错误的，资本规模比较稳定，只有劳动规模被改变。而在劳动力数量及规模的变化层面，生产规模的变化是由劳动边际产量与劳动力数量及规模变化相乘所确定的，即：

$$dY = MPL \times dL \tag{7}$$

其中，MPL 表示劳动边际产量；dL 表示劳动力数量及质量的变化。其中，劳动边际产量是指多投入一单位劳动（假定其他的投入因素恒定）所得到产量的增量，用数学公式表示为：

$$MPL = \frac{dY}{dL} \tag{8}$$

$$MPL = F(K,L+1) - F(K,L) \tag{9}$$

$F(K,L+1)$ 表示劳动增加一个单位后的生产规模；$F(K,L)$ 表示劳动规模增加前的生产规模。

在核算经济增长对劳动及资本产生的影响时，通常利用劳动和资本的发展性产品。在劳动与资本被改变的情况下，生产规模变化的数学表达式如下：

$$dY = (MPK \times dK) \times (MPL \times dL) \tag{10}$$

$MPK \times dK$ 表示资本边际效益在生产规模上发生的变化；$MPL \times$

dL 表示劳动变化的效益在生产规模上发生的变化，而将这种模型改变后如下：

$$\frac{\mathrm{d}Y}{Y} = \frac{(MPK \times \mathrm{d}K)}{Y} \times \frac{(MPL \times \mathrm{d}L)}{L} \times \mathrm{d}L/L \tag{11}$$

或

$$\frac{\mathrm{d}Y}{Y} = \frac{(MPK \times K)}{Y} \times \frac{\mathrm{d}K}{K} + \frac{MPL \times L}{Y} \times \mathrm{d}L/L \tag{12}$$

Y 表示总生产规模，K 表示总资产规模，$\mathrm{d}Y/Y$ 表示生产或经济的增长速度，$\mathrm{d}K/K$ 表示资本存量的增长速度，$\mathrm{d}L/L$ 表示劳动力数量及规模的增长速度，$MPK \times K$ 表示已经存在于总资本方面的生产规模或资本总收益，$MPL \times L$ 表示已经存在于劳动效益方面的生产规模或劳动收益，$MPL \times L/Y$ 表示总体生产规模方面的劳动效益所占份额，$MPK \times K/Y$ 表示总生产规模方面的资本效益所占份额。

因为总体生产只有资本和生产这两种效益，所以：

$$\frac{MPK \times K}{Y} + \frac{MPL \times L}{Y} = 1 \tag{13}$$

总生产规模中资本效益所占的份额用 X 来记录：

$$\frac{MPL \times L}{Y} = 1 - X \tag{14}$$

将其简化后得出：

$$\frac{\mathrm{d}Y}{Y} = X \times \frac{\mathrm{d}K}{K} + (1 - X) \times \frac{\mathrm{d}L}{L} \tag{15}$$

在考虑到科学技术进步的情况下，索洛进一步探讨了其如何对经济增长产生影响。劳动力及资本产生质的变化是受到了科学技术进步的影响，并通过全要素生产率进行核算。根据影响生产各要素的数量、规模、质量的变化，全要素生产率对经济增长产生的影响可通过索洛增长模型中的以下数学公示表示：

$$\frac{\mathrm{d}Y}{Y} = X \times \frac{\mathrm{d}K}{K} + (1 - X) \times \frac{\mathrm{d}L}{L} + \mathrm{d}A/A \qquad (16)$$

A 表示全要素生产率，$\mathrm{d}A$ 表示全要素生产率的变化。在核算各项因素对经济增长的贡献中发现，有一部分增长仅凭资本和劳动是无法解释的，这便是科技进步的作用，索洛将其命名为索洛余值。

$$\frac{\mathrm{d}A}{A} = \frac{\mathrm{d}Y}{Y} - X \times \frac{\mathrm{d}K}{K} - (1 - X) \times \frac{\mathrm{d}L}{L} \qquad (17)$$

因此，索洛得出结论：人均资本拥有量的变化率取决于人均储蓄率与按照既定资本劳动比配备每一位新增长人口所需资本量之间的差额。在人均资本量较高的经济领域及较长时期内，企业给从业人员分配的消费品可能不足以提高其生活水平及质量，但在人均资本量较低的经济领域及较长时期内，储备率及投资水平的提高可以使生活水平或分配给每人的消费品随之提高。

总之，无论从任何一点出发，经济向均衡增长路径收敛，在均衡增长路径上，每个变量的增长率都是常数；在其他外生变量相似的条件下，人均资本低的经济人均资本提高的速度更快，人均收入低的经济有更高的增长率；人均产出（Y/L）的增长来源于人均资本存量和技术进步，但只有技术进步才能够使人均产出永久性增长；通过调节储蓄率可以实现人均最优消费和最优资本存量的"黄金律"增长；储蓄率变化只会暂时性而不会永久性地影响增长率；储蓄率的显著变化对均衡增长路径上的产出变化只有较小影响，且作用缓慢。[①]

---

① http://baike.baidu.com/link?url=4Da1GAyhVIM_qpQQZH7rTtPGFCmK4xhbEjzFv4bAvI8oyfZJf1 jvtUVYDkU51yLkeGbgD38dnKB0WFzUakDb_.

第3章 蒙古国劳动力现状分析

3.1 蒙古国社会经济发展现状

3.1.1 经济增长速度放缓

蒙古国是一个内陆国家，矿产资源十分丰富，传统的畜牧业、采矿业是蒙古国的主导产业。其中，矿产品的开发与出口给蒙古国带来巨大的经济收益，是拉动蒙古国经济增长的核心动力。但是，蒙古国人口规模较小，2013 年末蒙古国的人口为 293.13 万人，劳动力不足与高失业率并存，成为蒙古国突出的社会问题。

近两年，蒙古国的经济发展形势良好。经济仍保持快速增长的趋势。2011 年蒙古国经济突破新的高峰，经济增长率达 17.5%，2012 年经济仍保持较快的增速，经济增长率为 12.3%。但是，2013 年蒙古国的经济增长速度为 11.8%，与 2012 年相比有所下滑。这是因为一直以来蒙古国的煤炭在出口产品中所占比重较高，而煤炭的主要出口国是中国，2013 年中国经济增速放缓，对蒙古国煤炭的需求有所下降。除了煤炭出口降低对蒙古国经济增长产生不利影响之外，外商直接投资规模也大幅度下降，对当年蒙古国经济造成较大的负面影响。2012 年蒙古国的 FDI 减少了 2.12 亿美元，2013 年 FDI 减少金额是 2012 年的 11 倍多，总共减少了 23.76 亿美元（见表 3.1）。虽然，煤炭的出口及外商直接投资是蒙古国经济发展的核心力量，而且，2013 年这两项国民经济发展动力均没有对经济增长起到积极的影响。但是，2013 年蒙古国的经济并未因此而受太大的影响，经济仍保持两位数的快速增长趋势。这是因为 2013 年是暖冬，良好的天气情况使蒙古国获得良好的农业收成，而且，国内正在实施经济刺激计划，采取扩张性的财政政策和货币政策，这两方面抵补了煤炭出口降低和外商直接投资下降对经济的负面影响。

表 3.1　蒙古国的经济增长率、煤炭出口及外商直接投资额

经济指标	2010 年	2011 年	2012 年	2013 年
实际 GDP 增长率（%）	6.4	17.5	12.3	11.8
煤炭出口（万图格里克）	—	2129.60	2091.55	1836.75
FDI（百万美元）	1574	4620	4408	2032

数据来源：IMF Executive Board Concludes 2013 Article IV Consultation with Mongolia，Press Release No. 13/526，December 18，2013。

3.1.2　经济对资源的依赖性增强

蒙古国经济的主导产业是采矿业，农林牧渔业，批发零售和汽车、摩托车修理业。2013 年这三个主导产业的产值分别为 32422 亿图格里克、25312 亿图格里克和 19051 亿图格里克，占 GDP 的比重分别为 18.47%、14.42% 和 10.86%。这说明采矿业在蒙古国经济中的核心地位进一步得到提升（见表 3.2）。

表 3.2　蒙古国各产业产值占当年 GDP 的比重

单位：亿图格里克

各产业	2011 年	2012 年	2013 年
农林牧渔业	13651	19793	25312

续表

各产业	2011 年	2012 年	2013 年
采矿业	23293	25170	32422
制造业	6655	8324	11030
电力、煤气、采暖和空调供应	2120	2322	2661
水，污水、废物管理和利用	393	450	499
建筑	1733	2509	4536
批发零售，汽车、摩托车修理	10209	14666	19051
运输和储藏	7855	8511	8682
住宿餐饮服务	933	1387	1617
信息和通信	2953	3736	4083
金融和保险	3811	5811	8193
房地产	7687	9568	12599
专业、科学和技术活动	1011	1299	1502
行政和配套服务	1285	1926	2454
公共管理和防御，强制社会保险	3667	5729	6697
教育	4410	6502	7672
人类健康和社会工作	1814	2732	3250
艺术、消遣和娱乐	376	604	863
其他服务	388	505	608

数据来源：Infomongolia. com：Gross domestic products of Mongolia 2013。

3.1.3 产业分布不均，地区集中趋势增强

蒙古国的工业企业分布不平衡，多数工业企业主要聚集在首都乌兰巴托市、杭爱地区和中部地区这些经济相对较为发达的地区，而西部地区和东部地区人口稀疏、产业发展落后，社会经济条件、人民生活条件及医疗水平远不及蒙古国经济相对较为发达的地区。从蒙古国各地区工业产品销售额及其在全国的比重看，乌兰巴托市的工业产品的销售额最高，地区产品销售额占全国的比重均在50%以上；除了乌兰巴托市之外，杭爱地区和中部地区工业产品销售额的规模也相对较

高，2013 年两地区销售额占全国的比重分别为 20.2% 和 14.3%（见表 3.3）。分析 2011～2013 年蒙古国各地区工业产品销售额在全国的地位，可以看出仅乌兰巴托市的工业产品销售额比重呈增长趋势，其他地区则普遍呈下降趋势。

表 3.3　蒙古国各地区工业产品总销售额及其比重

类别	销售额（亿图格里克）			比重（%）		
	2011 年	2012 年	2013 年	2011 年	2012 年	2013 年
总计	56267	60580	64566	100.0	100.0	100.0
西部地区	348	327	351	0.6	0.5	0.5
杭爱地区	12773	12973	12962	22.7	21.4	20.2
中部地区	10338	10193	9304	18.4	16.8	14.3
东部地区	1128	1620	1357	2.0	2.8	2.1
乌兰巴托	31681	35467	40592	56.3	58.5	62.9

数据来源：http://www.infomongolia.com/ct/ci/7684/155/Industry,% 202013。

3.1.4　对外贸易额持续减少，矿产资源出口仍占主导

蒙古国近年来对外贸易总额持续减少。2011 年蒙古国的对外贸易总额为 114.16 亿美元，2012 年对外贸易总额降至 111.23 亿美元，2013 年蒙古国的对外贸易总额下降到 106.28 亿美元。与 2012 年相比，2013 年出口仍旧维持下降的趋势，出口额进一步减少至 42.73 亿美元（见图 3.1）。蒙古国在积极努力修改《投资法》，力图为外国投资者创造一个良好的投资环境。

蒙古国出口的主要产品包括矿产品，宝石和半宝石、贵金属和珠宝，纺织物，机械设备、电子设备、电视、录音机及其零部件，原皮或熟皮、兽类毛及相关产品，活动物及与动物相关的产品。其中，矿产资源的出口在蒙古国所有出口产品中占有最为重要的地位。从蒙古国主要出口产品的出口额可以看出（见表 3.4），矿产资源在蒙古国

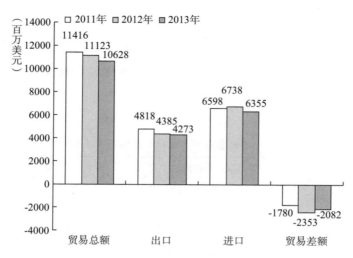

图 3.1　2011～2013 年蒙古国贸易总额

数据来源：Social and Economic Situation of Mongolia：As of preliminary result of 2013。

的出口产品中所占份额最高。其中，煤矿是所有矿产品中出口额最高的。然而，矿产品在蒙古国全部出口产品中所处的地位有所下降。2011 年矿产资源出口额为 42.994 亿美元，占总出口额的 89.25%；2013 年矿产资源出口额为 34.953 亿美元，在出口产品中的比重降到 81.81%。

表 3.4　蒙古国主要出口产品的出口额

单位：百万美元

类别	2011 年	2012 年	2013 年
总额	4817.5	4384.7	4272.7
矿产品	4299.4	3909.6	3495.3
宝石和半宝石、贵金属和珠宝	109.9	122.3	309.9
纺织物	241.5	233.6	283.3
机械设备、电子设备、电视、录音机及其零部件	13.7	12.8	45.4
原皮或熟皮、兽类毛及相关产品	51.1	30.5	35.2
活动物及与动物相关的产品	39.9	24.2	24.2

数据来源：InofoMogolia. com——ExternalTrade，2013，http：//www. infomongolia. com/ct/ci/7662/158/External% 20trade,% 202013。

3.1.5 中国是蒙古国最大的贸易伙伴

中国是蒙古国最大的出口贸易伙伴国，可以说蒙古国对中国经济的依赖性较强，中国的需求在很大程度上推动了蒙古国经济的增长。但 2012～2013 年，随着中国经济增长步伐的放缓及经济的逐渐转型，中国对蒙古国的产品需求减少，蒙古国出口中国的产品贸易额不断下降，而韩国、日本、朝鲜及东南亚国家虽然目前在蒙古国的出口贸易中所占份额不高，但是，贸易额和占比均出现上升趋势。俄罗斯虽然是蒙古国的邻国，但蒙古国出口俄罗斯的产品不多（见表 3.5）。

表 3.5 按出口目的地分蒙古国当年累计出口额

单位：万美元

	2011 年	2012 年	2013 年
贸易总额	481749.63	438466.92	427266.96
欧洲	21246.12	15696.35	35856.30
其中：欧盟	9532.63	6693.04	28689.84
英国	1997.39	1189.84	20073.92
俄罗斯	9634.24	7956.57	6174.57
意大利	4981.61	3160.82	5150.62
德国	1491.92	1596.93	1841.55
亚洲	450560.59	410308.67	376193.79
其中：东北亚	448871.03	407771.58	373426.41
中国	443987.09	405972.03	370998.17
韩国	3787.33	1229.56	1302.38
日本	1096.39	560.26	1053.43
朝鲜	0.22	9.73	72.43
东南亚	717.48	699.52	1300.44

	2011 年	2012 年	2013 年
美洲	9849.34	12198.05	14113.92
其中：加拿大	9078.76	11727.46	13551.43
美国	504.00	356.81	389.81
非洲	48.50	199.97	273.78
澳洲	45.08	63.88	829.17

数据来源：InfoMogolia External Trade，2013：http://www.infomongolia.com/ct/ci/7662/158/.External%20trade,%202013。

从进口来源国的国家分布看，中国和俄罗斯是目前蒙古国最大的进口贸易伙伴国。2013 年从中国和俄罗斯进口的产品贸易额占进口贸易总额的比重分别为 28.68% 和 24.57%。从表 3.6 可以看出，与 2012 年相比，2013 年蒙古国从中国和俄罗斯进口产品的贸易总额均明显下降，但从中国进口产品的贸易额占进口总额的比重上升，而从俄罗斯进口产品的比重则不断下降。总的来说，无论是出口还是进口，中国在蒙古国的贸易地位不断提升，蒙古国经济对中国的依赖也越来越强。

表 3.6　按进口来源国分蒙古国当年累计进口额

单位：万美元

	2011 年	2012 年	2013 年
贸易总额	659835.81	673838.07	635469.87
欧洲	261247.10	280342.09	255109.64
其中：欧盟	70991.79	70686.73	72121.35
俄罗斯	162470.58	184738.57	156125.20
德国	27362.90	24644.43	24979.69
白俄罗斯	7231.40	12936.52	15497.96
波兰	4686.80	5712.20	6375.14
法国	10021.46	6357.84	6254.60

	2011 年	2012 年	2013 年
亚洲	315324.85	315585.31	310411.32
其中：东北亚	288060.87	284331.03	277481.49
中国	203287.75	187341.50	182277.96
韩国	35672.51	46775.15	50723.44
日本	49022.57	50161.82	44412.11
东南亚	19552.15	21734.93	24390.63
美洲	70646.26	67281.71	61560.70
其中：美国	53602.46	53594.59	51267.61
加拿大	12828.66	9724.36	8038.45
非洲	1483.26	605.15	1370.71
澳洲	11134.34	10023.81	7017.50

数据来源：InfoMogolia External Trade，2013：http://www.infomongolia.com/ct/ci/7662/158/. External%20trade，%202013。

3.2　蒙古国就业态势分析

3.2.1　就业的总体情况

对劳动适龄人口、劳动力、从业人员数量、登记在案的失业人数等各项基本指标进行研究，并在制定政策时合理使用这些指标是至关重要的。而蒙古国人口就业率的各项基本指标从 2002 年至 2011 年呈现出以下情况，详见表 3.7。

将 2002 年与 2011 年的数据进行对比，从结果上来看：蒙古国总人口增长了 13.6%；劳动适龄人口增长了 25.0%；劳动力增长了 24.8%，其中从业人员增加 19.2%，登记在案的失业人数增加 85.1%，尚未从业的人口降低了 68.4%，劳动适龄但是不具备劳动能力的人口降低了 2.1%；劳动力的参与率增长 0.3 个百分点，就业率

表 3.7　人口就业率的各项基本指标

各项指标	2002	2003	2004	2005	2006	2007	2008	2009	2010	2011	2011年相比于2002年
总人口（千人）	2475.4	2504.0	2533.1	2562.4	2594.8	2635.2	2683.5	2735.8	2780.8	2811.6	13.6%
劳动适龄人口（千人）	1439.2	1488.9	1531.1	1577.0	1619.6	1642.2	1688.7	1704.0	1863.4	1798.4	25.0%
劳动力（千人）	901.2	959.8	986.1	1001.2	1042.8	1054.0	1071.6	1137.9	1147.1	1124.7	24.8%
从业人员数量（千人）	870.8	926.5	950.5	968.3	1009.9	1024.1	1041.7	1006.3	1033.7	1037.7	19.2%
登记在案的失业人数（千人）	30.9	33.3	35.6	32.9	32.9	29.9	29.8	38.1	38.3	57.2	85.1%
尚未从业的人口（千人）	265.8	256.6	248.3	253.8	257.6	263.6	267.5	131.6	113.4	84.0	-68.4%
劳动适龄的学生人数（千人）	196.5	198.6	218.0	223.0	243.3	267.3	270.5	274.3	278.0	285.0	45.0%
劳动适龄的但是不具备劳动能力的人口（千人）	85.8	86.1	89.1	87.8	82.8	81.9	83.7	83.7	84.5	84.0	-2.1%
劳动力的参与率（%）	62.2	64.5	64.4	63.5	64.4	64.2	63.5	66.8	61.6	62.5	0.3个百分点
就业率（%）	59.4	62.2	62.1	61.4	62.4	62.4	61.7	88.4	90.1	92.3	32.9个百分点
失业率（%）	4.6	3.5	3.6	3.3	3.2		2.8	11.6	9.9	7.7	3.1个百分点

资料来源：蒙古国国家统计委员会：《蒙古国统计报告汇编》，2002～2011年。

增长 32.9 个百分点，失业率增长 3.1 个百分点。因从业人员数量及劳动力规模均与劳动适龄人口的人数直接相关，所以从人口年龄构成来看，蒙古国 2002～2011 年劳动适龄人口在总人口中所占的比重呈增长态势。

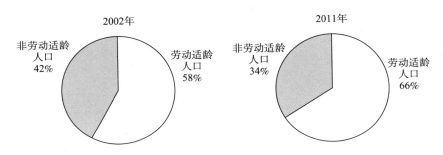

图 3.2　2002 年与 2011 年蒙古国的劳动适龄人口

资料来源：蒙古国国家统计委员会：《蒙古国统计报告汇编》，2002～2011 年。

如图 3.2 所示，蒙古国 2002 年劳动适龄人口占总人口的 58%，42% 的人口为非劳动适龄人口；而 2011 年劳动适龄人口所占的比重增至 66%，非劳动适龄人口所占比重降至 34%。可见，蒙古国经济的起步及快速发展离不开人口红利的作用，劳动适龄人口的增长也成为推动蒙古国经济发展的重要因素，因此经济活动人口成为影响该国人力资源状况的主要指标。

具体来看，15 岁及以上经济活动人口在国家层面与学生数量、人口从事劳动的兴趣、不具备劳动能力人口的数量等要素相关，但也具有一定区别。而蒙古国 15 岁及以上经济活动人口的具体情况可通过 2010 年完成的人口普查结果得以体现。

从 2010 年完成的国家人口及住宅普查报告来看，15 岁及以上人口中经济积极性人口占 15 岁及以上人口数量的 56%，即有 107.5 万人从业且属于有兴趣从业的人口，但 83.02 万人因某种原因无法从业且属于没有兴趣从业的人口。换句话说，这意味着经济活动人口尚未向劳动力市场供给劳动的人口比重达到了 44%。因此，应对尚未向市

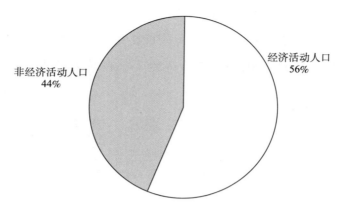

**图 3.3　在 15 岁以上人口中经济积极性与非经济积极性人口
所占的比重（2010 年）**

资料来源：蒙古国国家统计协会：《国家人口及住宅普查报告》，2010 年。

场供给劳动的人口及原因进行深入分析，在国家层面对增加劳动力的
数量给予足够重视并制定相关政策，依靠创造就业机会来满足 15 岁
及以上非经济活动人口的从业要求，可最多引入新增 83 万名从业人
员进入经济活动领域，促使就业率大幅度提升。

　　当然，在通过创造从业机会鼓励这类人群从业的同时，须论证这
些劳动适龄但非经济活动人口为何不从业。

　　从 15 岁及以上非经济活动人口的结构来看，所占比重最大的人
群为占总数 36% 的在校生，退休人员占 23%，确定不择业的占 15%
（见图 3.4）。这组数据反映出在非经济活动人口中增加从业人员的数
量具有较大的可能性：在任何学校中，就读的劳动适龄人口可在符合
法律规定的情况下，利用课余时间从事兼职工作，增加社会就业率；
此外，社会中很大一部分退休人员仍具有劳动能力，通过为此类公民
创造就业机会，增加符合其自身特点的工作岗位也可使得就业率得到
有效增加。但不容忽视的是，确定不择业的人口数量占非经济活动人
口总数的 15%，即有超过 12 万人在有合适工作岗位的情况下被判定
为具有从业可能性的人口。

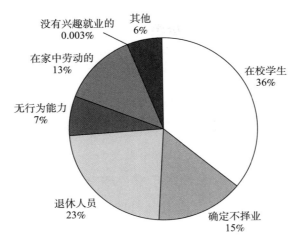

图 3.4   2010 年蒙古国 15 岁及以上的非经济活动人口结构

资料来源：蒙古国国家统计协会：《国家人口及住宅的普查报告》，2010 年。

此外，在分析中需要引入一个重要的指标即劳动力参与率，它不仅与人口的个性特征相关，更与整个经济社会的宏观发展环境相关，劳动力参与率在城市与乡村之间存在差别，按照城乡划分的情况如表 3.8 所示。

表 3.8   2010 年蒙古国劳动力参与率

单位：%

经济活动	全部	男性	女性	城市			乡村（牧区）		
				全部	男性	女性	全部	男性	女性
劳动力参与率	56.4	63	50.1	52.3	58.5	46.5	66.1	72.4	59.3
非经济活动人口所占的份额	43.6	37	49.9	47.7	41.5	53.5	33.9	27.6	40.7

资料来源：蒙古国国家统计协会：《国家人口及住宅的普查报告》，2010 年。

从劳动力参与率方面来看，国家的平均数值为 56.4%，其中城市为 52.3%，乡村为 66.1%。一方面，在表 3.8 中乡村比城市高出 13.8 个百分点，这一现象的产生除了与蒙古国经济特点相关外，更离不开在核算时将乡村中 15 岁及以上人群视为畜牧业的从业人员，并纳入从业人口数量的核算中。由此可见，当乡村中没有畜群的公民开始在城市中定居时，城市中失业人员的数量将不断增加。另一方面，表3.8反映出劳动力参与率依据性别分类时同样存在差别，男性的就业率较高，在全国范围内男性劳动力的参与率为63%，比女性高12.9个百分点。这种现象的产生是由于蒙古国的某些工作岗位对性别有所限制，男女在就业方面存在不公平。

从非经济活动人口所占份额来看，城市所占比重为47.7%，乡村为33.9%。这种结果与上述所分析的原因相关，而更值得注意的是，人口的经济活动除了与城市、乡村、性别等因素相关外，还受年龄结构的影响。现从年龄的构成分析15岁及以上人口的经济活动。

从表3.9来看，在20～24岁、50～54岁的人口中，经济活动人口占50%～60%，而在25～29岁、30～34岁、35～39岁、40～44岁、45～49岁的人口中，经济活动人口占70%～80%，蒙古国的这一现状已成为大多数国家的从业趋势。

表3.9 2010年蒙古国15岁及以上人口的数量、经济活动人口、年龄构成的分布

单位：人，%

年龄构成	总人口	经济活动人口			
		从业人口	失业人口	全部	百分比
全部	1905969.0	911664.0	164116.0	1075780.0	56.44
15～19	257645.0	25631.0	11492.0	37123.0	14.41
20～24	292183.0	122892.0	38372.0	161264.0	55.19
25～29	247983.0	155480.0	30751.0	186231.0	75.10
30～34	222522.0	145101.0	25980.0	171081.0	76.88
35～39	202383.0	135112.0	21946.0	157058.0	77.60
40～44	179267.0	120791.0	17306.0	138097.0	77.03
45～49	158756.0	102704.0	11981.0	114685.0	72.24

续表

年龄构成	总人口	经济活动人口			
		从业人口	失业人口	全部	百分比
50~54	122082.0	66417.0	5053.0	71470.0	58.54
55~59	71989.0	24974.0	1175.0	26149.0	36.32
60~64	49453.0	7328.0	44.0	7372.0	14.91

利用图 3.5，我们进一步将劳动力参与率及非经济活动水平作为同一指标的两个侧面进行对比分析。

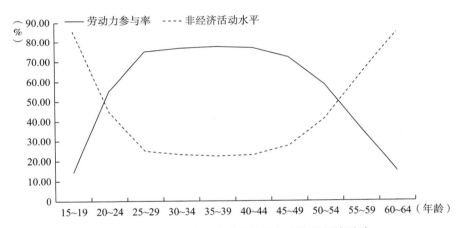

图 3.5 2010 年蒙古国劳动力的参与率和非经济活动
水平及年龄的构成

资料来源：蒙古国国家统计协会：《国家人口及住宅的普查报告》，2010 年。

由图 3.5 可见，劳动力参与率及非经济活动人口在年龄结构上存在差异。即 25~49 岁精力旺盛的劳动人口的经济活动比重较高，但 15~24 岁的人口、50 岁及以上人口的经济活动比例相对较低，而人口的经济活动、就业率等各项指标从年龄结构的角度来看也呈现上述趋势，详见图 3.6。

根据年龄构成来看，20 岁以下和 55 岁及以上人口的劳动力参与率较低，但非经济活动水平较高。在其他年龄阶段，劳动力参与水平较高而非经济活动水平较低。这一情况可以解释为年轻人对学习的需

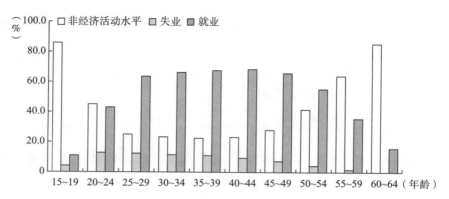

图 3.6　2010 年蒙古国非经济活动人口、就业人口
及失业人口的年龄构成

资料来源：蒙古国国家统计协会：《国家人口及住宅的普查报告》，2010 年。

求度较高，而 55 岁及以上的人群受健康及其他因素的影响从业兴趣
较低。

总体来看，经济活动人口具有以下特点。

图 3.7 反映出，在 15 岁及以上的人口中，失业人口占 8.6%，非
经济活动人口占 43.5%，由此可见 15 岁及以上人口中 52.1% 为未从
业人口，这意味着 15 岁及以上的人口中只有 47.9% 的人正在从业。因

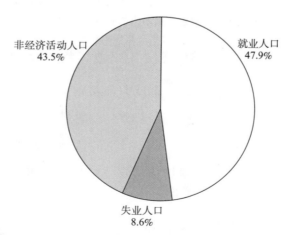

图 3.7　2010 年蒙古国 15 岁及以上人口中就业人口、失业人口、
非经济活动人口分布

资料来源：蒙古国国家统计协会：《国家人口及住宅的普查报告》，2010 年。

此可推断出蒙古国只利用了 47.9% 的劳动力资源，这使人口稀少的蒙古国在人力资源开发方面亟待提升。

3.2.2　从业人员总体状况

虽然经济活动人口可视为国家的劳动力资源，但是一直以来从业人口的数量是表现劳动资源利用水平的最重要指标。就蒙古国实际情况而言，劳动适龄人口中 56% 为经济活动人口，笔者将从前文所述经济活动人口的角度来观察蒙古国当前的就业情况。

从图 3.8 来看，劳动适龄人口中 60% 左右正在从业，2002～2013 年在总劳动适龄人口中 35.7% ～38.4% 的人口为未从业人口。2002 年劳动适龄人口中的 62.3% 正在从业、37.7% 的人口处于无业状态；而到了 2013 年，从业人口所占比重达到 63.7%，但未从业人口的比重降低到了 36.3%。

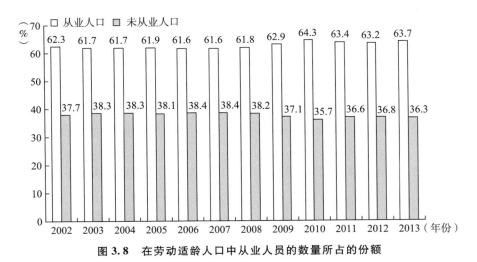

图 3.8　在劳动适龄人口中从业人员的数量所占的份额

因劳动者数量与经济预算情况及部门发展具有一定的关联性，所以笔者对全国范围内及经济各领域在 2000～2011 年中劳动者数量的变动情况进行研究，详见图 3.9。

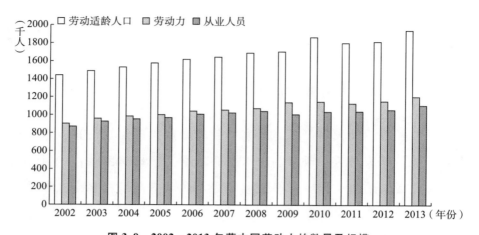

图 3.9　2002～2013 年蒙古国劳动力的数量及规模

资料来源：蒙古国国家统计协会：《蒙古国统计报告汇编》，2002～2013 年。

蒙古国的劳动适龄人口、劳动力及从业人员的数量在近几年里一直保持稳定增长的状态，在 2013 年劳动适龄人口达到了 193.71 万人，劳动力达到了 119.83 万人，从业人员达到了 110.36 万人，呈现出稳定增长趋势。

在运用指数函数平衡方法对 2000～2013 年劳动者数量的发展趋势进行评估时发现：农牧业、林业领域的从业人员数量呈下降趋势，其他各领域的从业人员数量大多呈上升趋势（见图 3.10）。这一情况表明，由于蒙古国经济具有多支点化的特点，所以矿产业与加工工厂

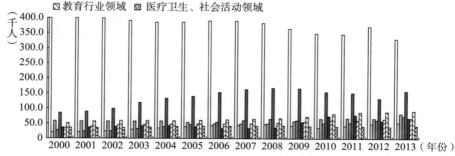

图 3.10　2000～2013 年蒙古国从业人员数量及所在领域

等实体领域的从业人员数量呈现上升趋势。因此，为了进一步深化研究，笔者将重点对蒙古国经济领域中关键行业的从业人员数量进行逐一分析。

3.2.3　各行业从业人员状况

图 3.11 表明，农牧业、林业领域作为蒙古国的主要经济领域，其从业人员数量在 2000 年为 39.81 万人，到 2013 年则下降至 32.91 万人，13 年里减少了 6.95 万名从业人员，从指数函数平衡化的趋势来看，应注意到该部门从业人员数量呈减少的趋势。

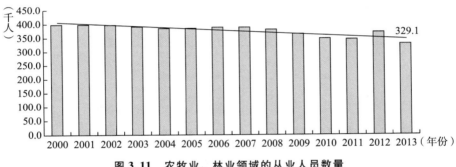

图 3.11　农牧业、林业领域的从业人员数量

在矿产业、开采工厂领域，从业人员从 2000 年的 18800 人增长到 2013 年的 50300 人。依据指数函数平衡化的趋势来看，该领域内从业人员的数量呈增加趋势，这与法律法制环境、政治背景对该部门的影响具有密切的关系（见图 3.12）。

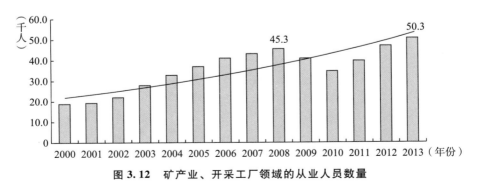

图 3.12　矿产业、开采工厂领域的从业人员数量

从加工工厂领域的从业者数量来看，2000 年为 56600 人，2013 年增长到 81000 人，在指数函数平衡化的基础上只增加了 20000 多人，呈现出比较稳定的趋势。尽管该行业产生较早，但国家的工业化政策、生产技术水平、经济发展与投资等情况对该领域的从业人数产生了巨大影响（见图 3.13）。

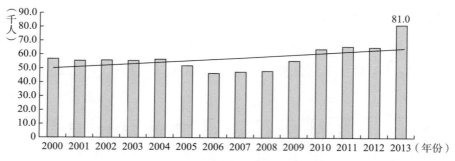

图 3.13　加工工厂领域的从业者的人数

在建筑行业领域，从业人员数量从 2000 年的 25500 人增至 2013 年的 72400 人，大约增长了近 2 倍。在该领域内人数增长最多的一年为 2008 年，建筑行业领域有 63400 人，这与当年蒙古国政府开始实施"40000 户住宅楼"的政策有着密不可分的联系。由此可见，某一领域从业人员的数量与国家的政策具有非常高的相关性，这也意味着在运用指数函数平衡化的方法来确定发展趋势时，要密切关注经济增长趋势及推动经济发展的原因（见图 3.14）。

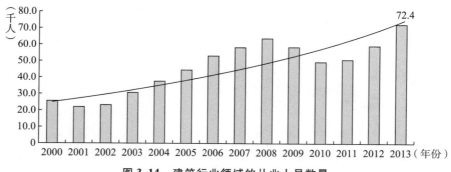

图 3.14　建筑行业领域的从业人员数量

在运输、仓储行业领域，从业人数在 2000 年为 34500 人，2013 年增至 65900 人，增长了将近 1 倍。因为运输、仓储领域与其他经济领域具有紧密联系，所以在总体经济增长的情况下，该领域的国内生产总值不断增长，与此同时工作岗位和从业人员数量也随之持续增长。此外，在蒙古国范围内，运输、仓储行业被列入推动经济发展的国家政策——《跨境中转运输的蒙古》，所以该行业将遵循国家政策的指导，并在不久的将来会呈现迅猛增长的趋势，因此，我们也应对该领域从业人员数量在未来几年可能发生快速增长的态势予以持续关注（见图 3.15）。

图 3.15　运输、仓储行业领域的从业人数

在国家公共管理、国防领域，从业人数从 2000 年的 33100 人，增至 2013 年的 65300 人，呈现出明显的增长趋势（见图 3.16）。

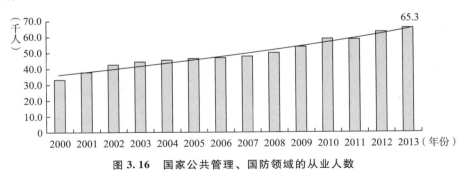

图 3.16　国家公共管理、国防领域的从业人数

在教育行业领域，从业人员数量从 2000 年的 48800 人增至 2013 年的 89800 人，大约增长了将近 1 倍（将教育行业领域涉及所有教育程度的学校及教育机构的数量，以及学生人数的增长作为分析的数据来源）（见图 3.17）。

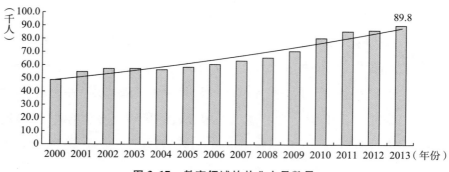

图 3.17 教育领域的从业人员数量

在批发与零售贸易领域内，从业人员数量从 2000 年的 83500 人，增加至 2013 年的 156000 人，在 2008 年，从事该领域内相关劳动的人数以 165900 人的数值高居峰顶，总体上来看该领域的从业人员数量呈增长趋势（见图 3.18）。

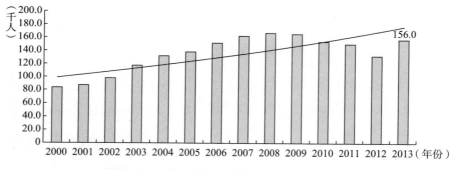

图 3.18 批发与零售贸易领域的从业人员数量

在医疗卫生、社会活动领域，从业人员数量从 2000 年的 34200 人增至 2013 年的 40400 人，共增加了 6200 人，其中在 2008 年达到最高数值即 41200 人，从图 3.19 可见，医疗卫生行业领域从业人员的数量呈现低速增长的态势。

综上，在分析了蒙古国经济中各个基础性领域从业人员数量的变化趋势后不难发现：从近 10 年的情况来看，资源型生产领域的从业人员数量增长较慢，但教育、国家公共管理等各个非生产领域的从业

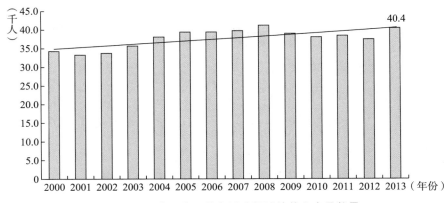

图 3.19　医疗卫生、社会活动领域的从业人员数量

人员数量增长迅猛，这与在蒙古国范围内，促进生产行业从业人员数量增长的政策一直以来被忽视有极大的关系。可以说，蒙古国经济的各个基础性领域从业人员数量在近 13 年大部分的领域内呈增长趋势，但是各行各业间的增长速度具有明显的差异。图 3.20 反映出经济中各个基础性领域从业人员的增长情况。

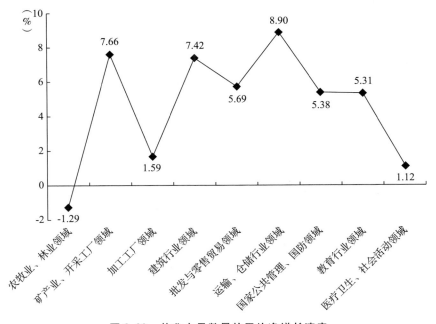

图 3.20　从业人员数量的平均净增长速度

　　根据近 10 年来从业人员数量的净增长速度的平均值来看，农牧业、林业领域的从业人员数量每年平均减少 1.29%，但其他各个领域的从业人员数量却在增加，具有最高增长率的行业是运输、仓储行业领域，以平均每年 8.9% 的速度增长；矿产业、开采工厂领域平均净增长速度为 7.66%；建筑行业领域平均净增长速度为 7.42%；批发与零售贸易领域平均净增长速度为 5.69%，而医疗卫生、社会活动领域和加工工厂领域的增长速度则分别为 1.12%、1.59%。

　　根据蒙古国在 2010 年完成的《人口及住宅普查报告》，蒙古国从业总人口数量为 911700 人，其占总人口的百分比为 47.8%。

　　从图 3.21 可以看出，从业人员的数量自 2000 年至 2010 年增加了 132600 人，呈现出增加 17% 的良好指标，但从业人员占总人口的百分比却呈现出下降 3.3 个百分点的负面指标，即由 51.1% 降至 47.8%。值得注意的是，从业人员的数量与经济各个领域、与不同行业在城乡范围的具体情况有着密切的联系，受经济预算情况，各领域生产产品的市场需求、供应、价格行情等因素影响，工作岗位数量在

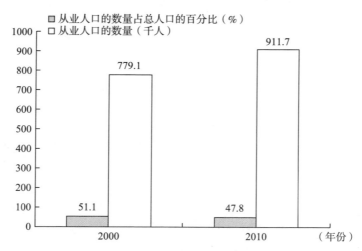

图 3.21　从业人员数量及其占总人口的百分比
资料来源：蒙古国国家统计协会：《国家人口及住宅普查报告》，2010 年。

不同行业、不同区域持续波动。因此，有必要在分析从业人口数量时，根据各经济基础性领域及城乡范围的情况进行分类观察。

3.2.4　15 岁及以上从业人员状况

根据 2010 年蒙古国《国家人口与住宅普查报告》来看，拥有最高吸纳生产力能力的领域就是农牧业、狩猎业、林业、渔业，该行业的从业人员占总从业人员的 26.4%；其次是批发与零售贸易行业、汽车摩托车修理行业、服务行业，占 12.8%；教育行业占 8.7%；国家执政管理与国防事业、服役性社会保障事业占 8.2%；加工生产行业占 7.0%；建筑行业占 6.4%，这些数据从另一侧面反映出各行业的就业情况，详见表 3.10、图 3.22。

表 3.10　15 岁及以上从业人员情况

经济事业的领域	全部	城市	乡村	百分比
全部	911664.0	581329.0	330335.0	100.0
农牧业、狩猎业、林业、渔业	241017.0	23492.0	217525.0	26.4
批发与零售贸易行业、汽车摩托车修理行业、服务行业	117040.0	106898.0	10142.0	12.8
教育行业	79552.0	56263.0	23289.0	8.7
国家执政管理与国防事业、服役性社会保障事业	74581.0	54132.0	20449.0	8.2
加工生产行业	63391.0	57704.0	5687.0	7.0
建筑行业	58517.0	51217.0	7300.0	6.4
运输与仓储活动行业	52681.0	45930.0	6751.0	5.8
矿产业、开采行业	48897.0	32916.0	15981.0	5.4
公民的医疗卫生与社会活动行业	35710.0	27301.0	8409.0	3.9
住房与餐饮服务活动行业	28446.0	25831.0	2615.0	3.1
服务业的其他活动行业	19285.0	17876.0	1409.0	2.1
财政金融与保险事业	15841.0	13317.0	2524.0	1.7
电能、燃气、供暖、通风换气供应行业	14257.0	12220.0	2037.0	1.6
信息通信行业	13646.0	12976.0	670.0	1.5

续表

经济事业的领域	全部	城市	乡村	百分比
行政与提供援助事业	12276.0	10587.0	1689.0	1.3
专业技术、科学与技术设备活动行业	10498.0	8664.0	1834.0	1.2
文化艺术、演艺、娱乐行业、赛会	8463.0	7377.0	1086.0	0.9
不动产（固定资产）事业	7689.0	7644.0	45.0	0.8
供水、排水、垃圾、废弃物管理与清洁事业	6451.0	5875.0	576.0	0.7
国际组织、常设代表机构事业	2743.0	2475.0	268.0	0.3
人工小区物业、无法确定为了民居自身需求而生产的产品、服务	683.0	634.0	49.0	0.1

资料来源：蒙古国国家统计协会：《国家人口与住宅普查报告》，2010 年。

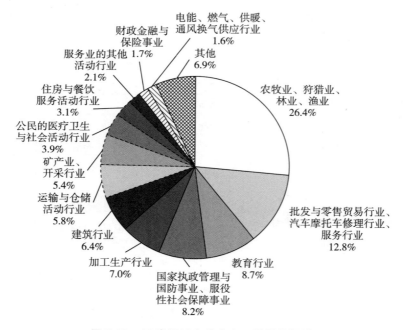

图 3.22　15 岁及以上从业人口所属的领域

资料来源：蒙古国国家统计协会：《国家人口与住宅普查报告》，2010 年。

综上，蒙古国的劳动力结构特征如下：在实体行业或生产、资源行业从业人员所占百分比较小，但在农牧业、教育行业、贸易行业从业人员所占比重较高。这一情况与蒙古国经济各领域的发展及其所吸

纳劳动力的水平相关，而劳动力与这些行业内部具体情况的分析将在
以下章节中结合国内生产总值、工资、收入等问题进行研究。

　　此外，受蒙古国的经济结构、经济发展的特殊性以及行业领域发
展等情况的影响，蒙古国各个基础性经济领域的从业人员数量具有极
大的城乡差异。在不同领域范围内，从业人员在城乡范围内的差别情
况详见图 3.23、图 3.24。

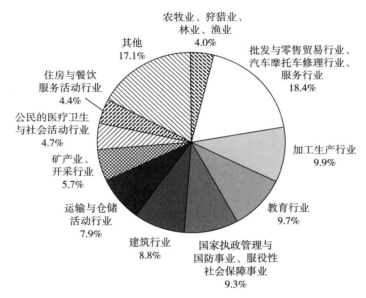

图 3.23　15 岁及以上从业人员在城市各行业的分布

资料来源：蒙古国国家统计协会：《国家人口与住宅普查报告》，2010 年。

　　在城市这一层级范围内，15 岁及以上从业人员在经济各个基础
性领域中，人数最多的行业是批发与零售贸易行业、汽车摩托车修理
行业、服务行业，其占总从业人员数量的 18.4%；加工生产行业占
9.9%；教育行业占 9.7%；国家执政管理与国防事业、服役性社会保
障事业占 9.3%；建筑行业占 8.8%；运输与仓储活动行业占 7.9%；
矿产业、开采行业占 5.7%；农牧业、狩猎业、林业、渔业仅占
4.0%。总的来说，在城市中加工生产行业的从业人员所占比重并不

高，仅占9.9%，与诸多生产业发达的国家相比较而言是个极低的数值。在蒙古国范围内，城市中最底层的从业人员大多从事加工生产行业领域，而乡村（牧区）地区的从业人员大多在农牧业、狩猎业、林业、渔业领域。批发与零售贸易行业、汽车摩托车修理行业、服务行业从业者所占18.4%的最高比例与蒙古国进口行业的发展有着极大的关联性。

而在乡村这一行政区划范围内观察各个领域从业人员的数量，具体情况如图3.24所示。

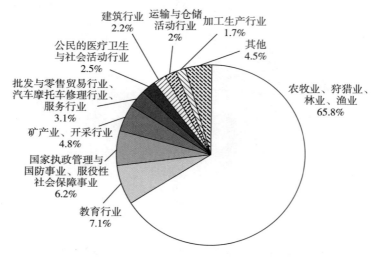

图3.24　15岁及以上从业人员在乡村各行业的分布

资料来源：蒙古国国家统计协会：《国家人口与住宅普查报告》，2010年。

15岁及以上从业人员分布在乡村呈现出与城市截然不同的特征。农牧业、狩猎业、林业、渔业的从业人员占从业总人数的65.8%、教育行业占7.1%、国家执政管理与国防事业、服役性社会保障事业占6.2%、矿产业、开采行业占4.8%。在乡村中，加工生产行业的从业人员占从业总人数的比例较小，乡村农牧业、狩猎业、林业、渔业领域从业人员占总人数65.8%的现状，是由于加工生产行业及其他相关领域在蒙古国的乡村地区没有得到发展，这也是一直以来蒙古国无法发展多经济增长点的体现。

综上，15 岁及以上人口的就业率在经济各领域均存在较大的城乡差异。在乡村范围内，虽然农牧业、狩猎业、林业、渔业领域占有主导地位具有合理性，但其从业人员却占据了 65.8% 的比例，由此可见，因农牧业领域内的劳动消耗较大，农牧业领域无法实现更加高效，发展的瓶颈将日益显现。总之无论在城市还是乡村，加工生产行业中从业人员的数量均占据相对较小的百分比，因此，在蒙古国范围内推动加工生产行业的发展，尤其是推动城市基础加工业的发展及推动乡村地区中小型工厂的发展迫在眉睫。

近几年，蒙古国的矿产业完成了艰巨的发展任务，但无论在城市还是乡村，该领域的从业人员占总从业人员的比重较小。虽然该领域生产规模扩大的时间较早，但其吸纳劳动力的能力仍然较小。在下面的章节中，笔者将针对经济各基本领域的国内生产总值与从业人员的数量规模进行深入的对比研究。

3.3　非正规就业状况分析

在蒙古国范围内，一直存在不被计入国家核算且具有隐蔽性、非正式、非法的活动，以及家庭生产行业，虽然按照其生产及分配表的规定，各单位都有明确数量的从业人员，但这些从业人员并未计入劳动力的核算体系中。蒙古国为了将隐性经济领域中的从业人员作为不可或缺的劳动力计入核算之中，在 2012 年对隐性经济进行了核算，从核算报告中得到隐性经济领域内从业人员的各项具体数据。

在隐性经济领域内，从业人员在各个"遵循分配表的就业人员单位"工作，并且对于"遵循分配表的就业人员单位"我们可以理解为非农牧业的、未被列入产业组织结构的、与正式的登记注册和社会保障毫无关系的、在市场上出售产品和服务的各个单位。

从表 3.11 来看，在蒙古国总共有 163636 人从事遵循分配表劳动，其中 79.1% 的人即 129490 人在城市从业；20.9% 的人即 34146 人在乡村从业，由此可见城市的非正规就业远高于乡村。这一情况说明，处于城市基层从事遵循分配表的劳动概率较高、市场容量较大，并拥有多种食品、商品、汽车等贸易市场，这些都与各个从事遵循分配表的劳动单位具有密切的联系。但在乡村范围内，除了市场容量较小、从事非正规劳动概率低、各个从事遵循分配表的劳动单位少等原因外，非正规的就业较少也是基本原因，这与作为蒙古国乡村基本人口的牧民已被计入从业人员进行核算有着直接的联系。

表 3.11　遵循分配表的就业人员单位数量、所在领域及区域分布（2011 年）

经济活动的领域	数量（人）	占比（%）	城市		乡村	
			数量（人）	占比（%）	数量（人）	占比（%）
全部	163636.0	100.0	129490.0	79.1	34146.0	20.9
加工工厂	28914.0	17.7	18868.0	11.5	10046.0	6.1
供水、排水、垃圾、废弃物管理与清理	790.0	0.5	327.0	0.2	463.0	0.3
建筑行业	13073.0	8.0	11506.0	7.0	1567.0	1.0
批发与零售贸易、汽车摩托车修理服务	72055.0	44.0	60119.0	36.7	11936.0	7.3
运输与仓储活动	32288.0	19.7	26108.0	16.0	6180.0	3.8
住房与餐饮服务活动	3667.0	2.2	2242.0	1.4	1425.0	0.9
信息通信行业	501.0	0.3	389.0	0.2	112.0	0.1
财政金融与保险事业	325.0	0.2	265.0	0.2	60.0	0.0
不动产事业	264.0	0.2	264.0	0.2	–	–
专业技术的科学与技术设备事业	1766.0	1.1	1185.0	0.7	581.0	0.4
行政与提供支持的事业	177.0	0.1	177.0	0.1	–	–
教育行业	763.0	0.5	711.0	0.4	52.0	0.0
公民的医疗卫生和社会活动事业	469.0	0.3	403.0	0.2	66.0	0.0

经济活动的领域	数量（人）	占比（%）	城市		乡村	
			数量（人）	占比（%）	数量（人）	占比（%）
文化艺术、演艺、娱乐、赛会	1602.0	1.0	1354.0	0.8	248.0	0.2
服务行业的其他活动	6711.0	4.1	5301.0	3.2	1410.0	0.9
人工小区物业活动	271.0	0.2	271.0	0.2	–	–

从行业结构的角度来看，在从事遵循分配表的劳动单位中，17.7%的是加工工厂，8.0%的是建筑行业，44.0%的是批发与零售贸易、汽车摩托车修理服务。遵循分配表从业人员的家庭平均数为4.1，这也就意味着在蒙古国遵循分配表的从业人员中，有70万左右的人以此作为生活的经济来源。

遵循分配表的从业人员除了可从城乡角度加以区分外，按照经济各个领域进行分析同样重要。

表3.12反映出：拥有最多遵循分配表从业人员的领域是批发与零售贸易、汽车摩托车修理服务行业领域，在该领域有91835人，占总遵循分配表从业人员的43.7%；而在加工工厂领域有39374人，占总数的18.8%；运输与仓储活动领域有34325人，占总数的16.4%；建筑行业领域有18389人，占总数的8.8%。总的来说，在蒙古国共有209918人从事遵循分配表的劳动，并且几乎占正式渠道从业人口数量的20%。

表 3.12　经济各行业遵循分配表从业人员的
所在领域及年龄构成

单位：人，%

经济活动的领域	全部	年龄结构			所占的份额
		15 ~ 24 岁	25 ~ 60 岁	61 岁及以上	
全部	209918.0	19185.0	187296.0	3435.0	100.0
加工工厂	39374.0	3810.0	34830.0	734.0	18.8

经济活动的领域	全部	年龄结构			所占的份额
		15～24 岁	25～60 岁	61 岁及以上	
供水、排水、垃圾、废弃物管理与清理	790.0	–	739.0	51.0	0.4
建筑行业	18389.0	2012.0	16287.0	90.0	8.8
批发与零售贸易、汽车摩托车修理服务行业	91835.0	6777.0	83226.0	1832.0	43.7
运输与仓储活动	34325.0	2559.0	31447.0	319.0	16.4
住房与餐饮服务活动	9261.0	2049.0	7212.0	–	4.4
信息通信行业	581.0	84.0	497.0	–	0.3
财政金融与保险事业	389.0	–	327.0	62.0	0.2
不动产事业	342.0	–	342.0	–	0.2
专业技术的科学与技术设备事业	1912.0	172.0	1740.0		0.9
行政与提供支持的事业	177.0	36.0	140.0		0.1
教育行业	1689.0	397.0	1245.0	47.0	0.8
公民的医疗卫生与社会活动事业	748.0	56.0	634.0	57.0	0.4
文化艺术、演艺、娱乐、赛会	1941.0	249.0	1554.0	138.0	0.9
服务行业的其他活动	7894.0	984.0	6805.0	105.0	3.8
人工小区物业活动	271.0	–	271.0	–	0.1

占遵循分配表从业人员总数 89% 的为 25～60 岁的人员（见图 3.25），属于合理的现象。也就是说在遵循分配表的从业人员中，大部分为精力旺盛的劳动适龄人群，另外 9% 为 15～24 岁的青少年，2% 为 61 岁及以上的老年人。此外，遵循分配表的从业人员按照就业性质可分为个体户、有偿从业人员、家庭商业的无偿参与者、雇主等。具体情况详见图 3.26。

从图 3.26 来看，占遵循分配表从业人员总数 68% 的人员为个体户，16.6% 为有偿从业人员，9.9% 为雇主，4.6% 为家庭商业的

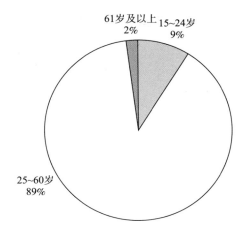

图 3.25　遵循分配表从业人员年龄结构

无偿参与者，0.7% 为合作性从业人员，0.2% 为有偿的实习人员。
而针对非正规的就业或者说遵循分配表的从业人员来说，他们也同
样在执行工资薪酬及劳动市场的调控者下发的各项任务，通过表
3.13 可根据各个经济领域情况来具体分析遵循分配表的从业人员的
工资薪酬。

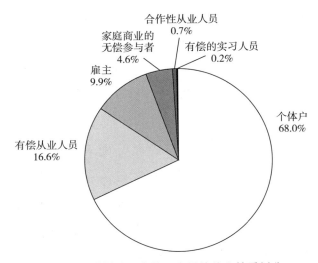

图 3.26　遵循分配表从业人员按就业性质划分

表 3.13　遵循分配表的从业人员的月平均工资

经济活动的领域	月平均工资（万图格里克）
全部	31.28
加工工厂	29.76
建筑行业	48.78
批发与零售贸易、汽车摩托车修理服务行业	29.92
运输与仓储活动	25.26
住房与餐饮服务活动	25.76
信息通信行业	35.00
专业技术的科学与技术设备事业	22.92
教育行业	22.62
公民的医疗卫生与社会活动事业	11.77
文化艺术、演艺、娱乐、赛会	15.00
服务行业的其他活动	30.06

由表 3.13 可见，国家非正规就业人员的月平均工资为 31.28 万图格里克，工资最高的行业是建筑行业领域，为 48.78 万图格里克；工资最低的行业是公民的医疗卫生与社会活动事业领域，为 11.77 万图格里克。下面我们就将遵循分配表的从业人员的工资与通过正规渠道就业的从业人员的工资进行对比（见图 3.27）。

从图 3.27 来看，在多数领域通过正式渠道就业的从业人员的月平均工资比遵循分配表的从业人员的工资要高。在某些领域内，通过正式渠道就业的人员与遵循分配表的从业人员所获取的工资差额较大，而在某些领域则相对较为接近。但单就建筑行业领域的情况来看，遵循分配表的从业人员工资要高于通过正式渠道就业的从业人员的工资，这与生产行业的特点，以及蒙古国境内的建筑工作是通过各个遵循分配表的单位得以完成的现状具有极大的关联性。

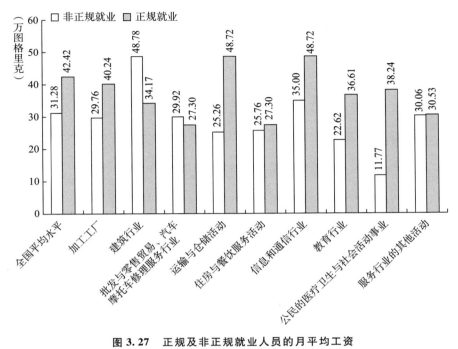

图 3.27　正规及非正规就业人员的月平均工资

3.4　遵循分配表的从业人员的生产率

在上述研究结果的基础上可得出：在蒙古国境内，遵循分配表从业人员各个单位每年能够完成的销售总额为 2.7 万亿图格里克。那么，运用遵循分配表从业人员各个单位的总产值减去修理损耗后的增加值来核算劳动生产率，可得出表 3.14。

表 3.14　各行业遵循分配表的从业人员数量及劳动生产率

经济活动的领域	增加值 （百万图格里克）	从业人员的数量 （人）	劳动生产率 （万图格里克/人）
加工工厂	92952.1	39374.0	236.07
供水、排水、垃圾、废弃物管理与清理	569.9	790.0	72.14

续表

经济活动的领域	增加值 （百万图格里克）	从业人员的数量 （人）	劳动生产率 （万图格里克/人）
建筑行业	81587.4	18389.0	443.68
批发与零售贸易、汽车摩托车修理服务行业	558965.6	91835.0	608.66
运输与仓储活动	210019.8	34325.0	611.86
住房与餐饮服务活动	29326.6	9261.0	316.67
其他服务行业	45144.4	15944.0	283.14

从表 3.14 可以看出，在遵循分配表从业人员的单位里，从业人员的数量与其所从事劳动的具体领域相关且因劳动生产率而有所差别。在相关领域内，遵循分配表从业人员与正式部门从业人员的劳动生产率对比见图 3.28。

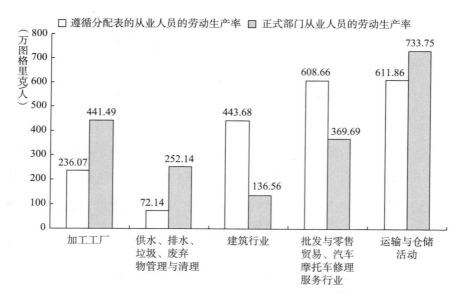

图 3.28 在某些领域内正式部门从业人员与遵循分配表从业人员的劳动生产率

从图 3.28 来看，除建筑行业，批发与零售贸易、汽车摩托车修理服务行业以外，其他行业中正式部门从业者的劳动生产率均比遵循分配表从业人员的劳动生产率要高，这一情况与蒙古国的经济背景及各个相关领域的特点具有紧密的联系。在批发与零售贸易、汽车摩托车修理服务行业的隐性经济中，从业人员的人数最多，占隐性经济领域从业人员总体的 43.7%。这就意味着在批发与零售贸易、汽车摩托车修理服务行业，建筑行业有许多小型贸易的经营者、装修工人、安装工、泥瓦匠等遵循分配表的从业人员，并且他们中的大部分并未进行注册登记、其收入也没有被纳入相关的可能性核算中。

对隐性经济领域的从业人员进行研究时，并未将牧民和微型矿山的经营者计入在内，而在 2010 年的蒙古国《人口与住宅普查报告》中，这一问题得到了具体的解释：虽将牧民计入正式从业人员进行普查，但对微型矿山的经营者按照独有的系统核算。为了确定微型矿山经营者在经济领域所做出的贡献，将他们登记注册以备在需要时解决他们的困难，可运用具有提供帮助功能的"微型矿山研究"来确认他们的数量及其所进行的生产及获得的收入。研究结果显示，2011 年总共有 13400 名微型矿山的经营者在黄金、煤炭、晶石、锡、石灰石、宝石等矿产开采行业进行工作。

作为微型矿山的效率指标之一，微型矿山年平均产值为 350 万图格里克，其中，乌兰巴托市的产值为 490 万图格里克，中部地区的产值为 400 万图格里克，杭爱地区的产值为 360 万图格里克，东部地区的产值为 290 万图格里克，西部地区的产值为 250 万图格里克。蒙古国微型矿山的劳动生产率见图 3.29。

3.5　对蒙古国失业人员的研究

失业率是劳动经济学中主要的指标之一，将失业率控制在最低水

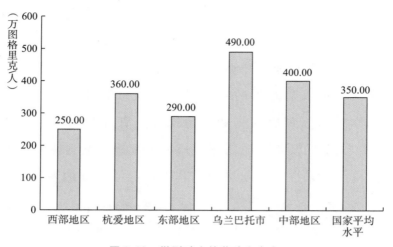

图 3.29　微型矿山的劳动生产率

平并促进失业率的降低是任何一个国家经济发展中至关重要的问题
之一。

3.5.1　失业人员数量、性别及学历状况

从蒙古国劳动力的基本指标统计表来看，受任何一种原因影响而
尚未从业的经济活动人口的相关指标能够体现出一些客观存在的问题
及其原因，具体情况如下。

从图 3.30 来看，2011 年登记在案的失业人口为 5.72 万人；失业
人口为 9.47 万人；劳动适龄学生的人数为 21.77 万人；劳动适龄但
不具备劳动能力的人口为 8.74 万人。因一直以来政府发放补助以及
由行政单位组织的多种活动，登记在案的失业人口在最近几年持续增
长。但由于近几年从业人口不断增加，同时登记在案的失业人口也在
增长，2011～2013 年，尚未就业人口从 26.75 万人降至 8.74 万人的
数据引起了学者们的关注。可以说，原来尚未从业的人口已有一部分
转移到从业人口中，另一部分已经转移到登记在案的失业人口的增加
值中。

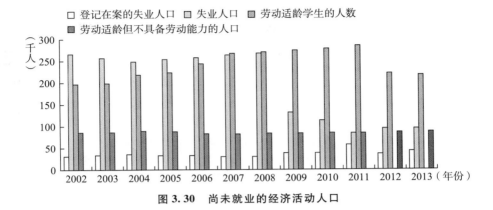

图 3.30　尚未就业的经济活动人口

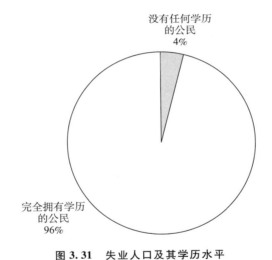

图 3.31　失业人口及其学历水平

注：援引自蒙古国国家统计协会：《国家人口与住宅的普查报告》，2010 年。

　　蒙古国境内的失业人口体现出一些有趣的现象，其中之一便是失业人口中有 96% 是完全拥有学历的人口，仅有 4% 是没有任何学历的人口。下面将依据学历水平对受过教育的失业人口进行分类分析，具体情况如图 3.32 所示。

　　参照学历水平分析失业人口可得出：人数最多的是拥有中等教育学历的失业人口，共计 119603 人，43004 人是拥有本科学历的失业人口，毋庸置疑，这是一项十分令人费解的数据。拥有技术设备和专业

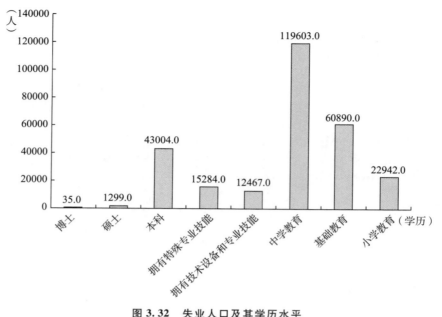

图 3.32　失业人口及其学历水平

技能、拥有特殊专业技能的失业人口分别为 12467 人和 15284 人，失业的硕士为 1299 人、失业的博士为 35 人。对于拥有高等学历的失业人口而言，大多数人是由于没有找到适合的工作岗位，许多拥有高学历的失业人口因受到年龄的限制而面临只能在非自身所学的专业领域工作，进而导致众多遵循分配表从业人员的存在，只能将其计入失业人口的范畴。

在根据性别差异对失业率进行分析时得出：男性的失业率为 16.1%，女性的失业率为 14.23%，蒙古国男性群体的失业率比女性群体高出 1.87 个百分点（见表 3.15），这种现象产生的原因在于男性

表 3.15　失业率及其性别构成

性别	失业人数（千人）	失业率（%）
全部	164.1	15.26
男性	95.0	16.10
女性	69.1	14.23

群体和女性群体存在心理差异，近几年蒙古国关注居民家庭的女性群体就业，以及由女性群体来操持庞大家庭。

3.5.2　各地区失业人口及非经济活动人口状况

从各省及首都的区域范围内来看，乌兰巴托失业人口最多，有63611 名男性失业人员，女性失业人数为 44336 人，在全国范围内，男性失业人口要比女性失业人口多。

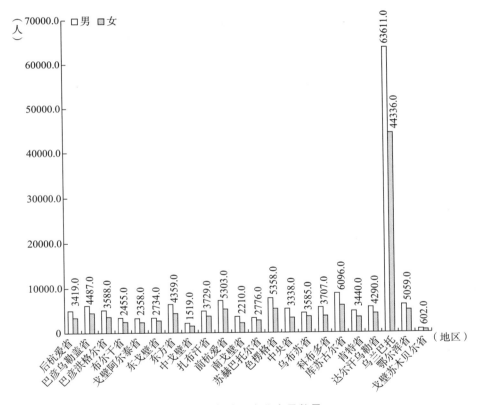

图 3.33　各地区失业人员数量

从 15 岁及以上人口的年龄结构及尚未从业的原因来看：30.05万名在校学生占总数的 36%；19.2 万人为退休人员，占总数的23%，这两类人员被纳入了无经济活动人口的范畴，但由于尚未找到合适工作的人员占 15%，即 12.16 万人也可以转移到从业人员的范围内。在这些由于未找到合适工作而成为无业的人员中，有 78% 为劳动适龄或者说是 25～54 岁的人口，我们要在为这些人员提供工作岗位的问题上予以重视并开展针对性工作，为以后对此进行深入研究奠定基础。

表 3.16 15 岁及以上非经济活动人口数量、年龄结构、尚未从业的原因

单位：千人

	全部	在校的学生	退休人员	无就业能力的人口	在家中劳动的人口	没有从业兴趣的人口	尚未找到合适的工作的人口	其他
全部	830.5	300.5	192.0	56.0	108.4	3.3	121.6	48.7
15～19 岁	220.7	204.9		2.9	3.7	0.3	5.5	3.4
20～24 岁	131.0	82.7		4.2	18.8	0.4	16.9	8.0
25～34 岁	113.3	11.4		10.6	41.8	0.9	33.6	15.0
35～44 岁	86.5	1.4	0.1	14.2	24.3	0.9	34.1	11.5
45～54 岁	94.6	0.1	21.1	18.4	17.8	0.7	27.7	8.8
55～59 岁	45.7		34.4	4.3	1.7	0.1	3.6	1.6
60 岁及以上	138.7		136.4	1.4	0.3		0.2	0.4

3.5.3 劳动适龄人口、从业人口及失业人口的增长率

在表 3.17 中，劳动力各项重要指标的绝对净增长及增长速度依照 2002～2011 年公布的数据。

表 3.18 体现出各项指标的增长速度大多比较乐观，但根据 2011 年的情况来看，某些指标的增长速度却有所降低。然而登记在案的失业人口却比 2010 年增长了 49.3%，这也反映出无业人口在劳动交易

表 3.17　劳动力相关指标的增长率状况

年份	劳动适龄人口			劳动力			从业人口			登记在案的失业人口			尚未就业的人口		
	数量（千人）	绝对的净增长（千人）	净增长的速度（%）	数量（千人）	绝对的净增长（千人）	净增长的速度（%）	数量（千人）	绝对的净增长（千人）	净增长的速度（%）	数量（千人）	绝对的净增长（千人）	净增长的速度（%）	数量（千人）	绝对的净增长（千人）	净增长的速度（%）
2002	1439.2			901.2			870.8			30.9			265.8		
2003	1488.9	49.7	3.5	959.8	58.6	6.5	926.5	55.7	6.4	33.3	2.4	7.8	256.6	-9.2	-3.5
2004	1531.1	42.2	2.8	986.1	26.3	2.7	950.5	24.0	2.6	35.6	2.3	6.9	248.3	-8.3	-3.2
2005	1577.0	45.9	3.0	1001.2	15.1	1.5	968.3	17.8	1.9	32.9	-2.7	-7.6	253.8	5.5	2.2
2006	1619.6	42.6	2.7	1042.8	41.6	4.2	1009.9	41.6	4.3	32.9	-	-	257.6	3.8	1.5
2007	1642.2	22.6	1.4	1054.0	11.2	1.1	1024.1	14.2	1.4	29.9	-3.0	-9.1	263.6	6.0	2.3
2008	1688.7	46.5	2.8	1071.6	17.6	1.7	1041.7	17.6	1.7	29.8	-0.1	-0.3	267.5	3.9	1.5
2009	1704.0	15.3	0.9	1137.9	66.3	6.2	1006.3	-35.4	-3.4	38.1	8.3	27.9	131.6	-135.9	-50.8
2010	1863.4	159.4	9.4	1147.1	9.2	0.8	1033.7	27.4	2.7	38.3	0.2	0.5	113.4	-18.2	-13.8
2011	1798.4	-65.0	-3.5	1124.7	-22.4	-2.0	1037.7	4.0	0.4	57.2	18.9	49.3	84.0	-29.4	-25.9

所的登记注册与择业的积极性正在增加。

表 3.18　劳动力相关指标的增长速度（2003～2011 年）

单位：%

指标	2003 年	2004 年	2005 年	2006 年	2007 年	2008 年	2009 年	2010 年	2011 年
劳动适龄人口的增长速度（%）	3.5	2.8	3.0	2.7	1.4	2.8	0.9	9.4	-3.5
劳动力的增长速度（%）	6.5	2.7	1.5	4.2	1.1	1.7	6.2	0.8	-2.0
从业人口的增长速度（%）	6.4	2.6	1.9	4.3	1.4	1.7	-3.4	2.7	0.4
登记在案的失业人口的增长速度（%）	7.8	6.9	-7.6	——	-9.1	-0.3	27.9	0.5	49.3
尚未就业人口的增长速度（%）	-3.5	-3.2	2.2	1.5	2.3	1.5	-50.8	-13.8	-25.9

从图 3.34 来看，2011 年登记在案的失业人口增加了 49.3%，而尚未就业人口减少 50.8% 的这一事实引人深思。

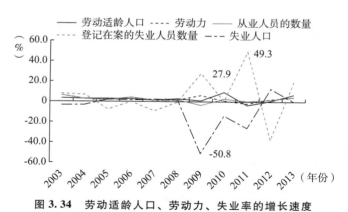

图 3.34　劳动适龄人口、劳动力、失业率的增长速度

从业人口和登记在案失业人口与劳动适龄人口直接相关，从图 3.35 可以看出，登记在案的失业人口的增长速度呈现很大的波动性，这是由于国家对失业人口一直采取有效的帮扶政策措施。

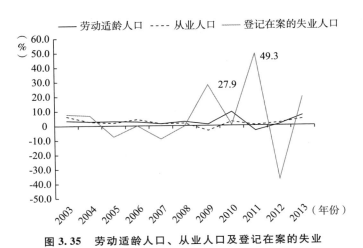

图 3.35　劳动适龄人口、从业人口及登记在案的失业
人口的增长速度

3.6　劳动力的迁移状况

3.6.1　国内人口迁移状况

　　蒙古国的人口在 20 世纪初超过 50 万人，在 2011 年已达到
281.16 万人，增长了 4 倍多。受经济发展、社会及政治背景的影响，
蒙古国人口的安居、迁移活动在各个历史发展时期不断变化，而蒙古
国劳动力的年平均增长率也在随之持续变化。蒙古国人口的迅猛增长
出现在 20 世纪 60～70 年代，当时人口年平均增长系数达到了 3%，
但自 20 世纪 90 年代开始降低，直至 2008 年、2009 年开始又增长
至 2.7%。

　　蒙古国人口的定居与安居情况在城市与乡村层面也有所不同，最
近几年在政治、法律、经济、社会等诸多因素的影响下，蒙古国境内
的城市化发展水平大幅度提高。就 2011 年的情况来讲，占总人口
67.3% 的人口生活在城市里，具体说来 45.7% 的人口生活在首都

（计入在内的还包括人口的集聚点或大城市），21.6% 的人口居住在 350 个城市和定居点（计入在内的还包括铁道线或公路轴线的地区），只有余下的 32.7% 的人口生活在乡村（见图 3.36）。

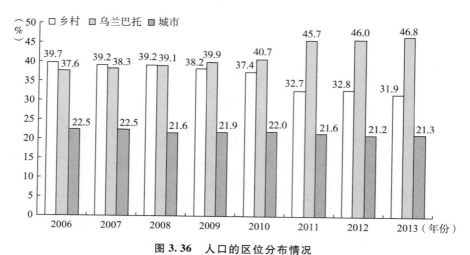

图 3.36　人口的区位分布情况

注：援引自蒙古国国家统计协会：《蒙古国统计报告汇编》，2007 年、2010 年。

与 2005 年的情况相比而言，城市人口减少了 0.9%（即 600 人），但唯一特殊的是在乌兰巴托市范围内人口却增加了 1.1%（即 3800 人），而就乡村的情况来讲，总人口减少了 0.9%（即 300 人）。

2011 年，在蒙古国共有 112.47 万名经济活动人口，从区域角度来观察这一情况时，西部地区占 17%、杭爱地区占 22%、中部地区占 19%、东部地区占 8%、乌兰巴托市占 34%（见图 3.37）。

3.6.2　劳动力迁移至国外的状况

在蒙古国转型为市场经济及民主化社会以来，居住在国外的公民数量逐年递增。从 2010 年国家人口与住宅普查的结果来看，蒙古国公民中共有 10 万多人分别居住在世界多个国家，具体情况见表 3.19 和图 3.38。

表 3.19 在国外居住的蒙古国公民数量居住年限情况

单位：人

国家	小于1年	1年	2年	3年	4年	5年	6年	7年	8年	9年	10年	11年	12年	13年	14年	15年	大于16年	合计
全部	506	22948	16127	18080	11342	11503	6624	4075	4015	2121	4464	1217	1437	910	458	521	1242	107140
俄罗斯	11	1706	747	699	423	514	332	79	53	19	159	30	20	25	14	32	145	5008
中国	16	2902	1279	890	924	665	306	89	58	24	64	8	18	9	3	4	14	7273
韩国	106	5693	4754	7250	3610	3587	1489	654	481	347	846	221	239	131	53	43	30	29534
朝鲜	1	18	12	7	2	2	2	1		1								44
德国	22	443	340	263	240	288	274	255	323	216	446	122	135	98	54	73	260	3852
日本	35	1174	940	887	546	468	317	261	262	112	207	38	51	23	17	25	38	5401
美国	81	2386	1681	1632	1907	1992	1484	1359	1454	678	1130	399	406	200	70	83	94	17036
土耳其	5	889	528	398	219	301	145	50	37	9	33	5	7	7		1	11	2645
英国	21	457	514	753	335	320	254	221	300	128	210	54	44	30	18	18	24	3701
保加利亚	3	31	11	5	3	3	3	3	2	1	7	1	2		1	1	14	91
印度	2	376	197	188	112	146	30	26	15	5	8		1	2		4	3	1116
加拿大	7	412	154	129	123	152	53	42	55	26	48	13	18	14	1	7	5	1259
意大利	1	68	41	47	33	27	18	1	4	4	17	4	3	3	3	3	5	282
法国	32	574	401	364	254	325	219	131	127	81	176	31	59	34	20	12	19	2859
巴基斯坦		4	1	1	1	1		1	1		1							11

续表

国家	小于1年	1年	2年	3年	4年	5年	6年	7年	8年	9年	10年	11年	12年	13年	14年	15年	大于16年	合计
菲律宾	5	23	11	4		4	3				2		1	1	1	1		51
乌克兰	51	128	155	177	95	145	77	31	55	42	132	74	127	73	55	43	201	1615
捷克		655	1318	1821	781	774	415	259	306	110	219	57	130	138	66	60	114	7274
斯洛伐克	9	6	10	6	1	3	2	3	2	2	4	1				3	12	55
奥地利	1	218	170	196	143	178	127	67	70	31	49	9	30	5	11	10	23	1346
芬兰	1	8	3	9	1	4	2	1	5	1	11	4	1			3	1	55
越南	7	13	26	7	7	32	6	2									1	95
澳大利亚	5	228	288	124	73	80	45	19	25	23	29	1	3	6	4	1	6	962
波兰	16	153	97	117	51	71	48	23	19	22	102	27	34	39	38	37	116	999
哈萨克斯坦	12	1054	464	299	294	213	105	35	15	4	5	3	4	3	1	3	5	2523
爱尔兰	8	94	102	128	149	171	196	155	59	31	17	1	3		3	2	1	1124
瑞士		335	241	221	163	135	93	63	64	48	66	28	10	16	2	6	10	1509
其他国家	48	2450	1642	1458	852	905	579	244	224	155	477	85	90	53	22	46	90	9420

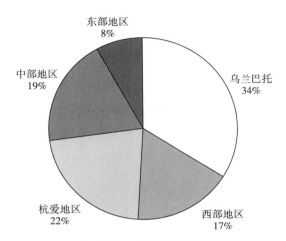

图 3.37　经济活动人口及其所在的地区（2011 年）

注：援引自蒙古国国家统计协会：《蒙古国统计报告汇编》，2011 年。

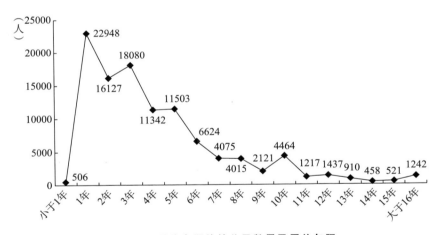

图 3.38　居住在国外的公民数量及居住年限

　　就其居住的年限来观察在国外生活的公民情况，大部分人都居住 1 年以上。在国外居住过多年的公民大部分都从事经济活动，并且在遵循其所居住国家的法律法规的情况下创造了从事经济活动的可能性。

　　如图 3.39 所示，在国外居住人数最多即占其总数 28% 的蒙古国公民选择居住在韩国；16% 居住在美国；14% 居住在中国和捷克。

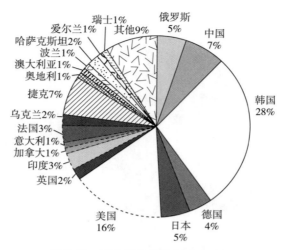

图 3. 39　蒙古国公民在各国的比例

研究显示：在国外就业的蒙古国公民中，在韩国的人数为 18995 人，5201 人在捷克，4429 人在美国，而在其他国家就业的较少。由此可见，在各个国家居住的蒙古国公民比从业公民的数量高出几倍。

3. 6. 3　在蒙古国境内的国外劳动力状况

除蒙古国公民在其他国家成为该国劳动力外，来自其他各国的人员在蒙古国从业的情况也越来越普遍，尤其是高度发达且拥有丰厚薪酬待遇的行业，引入国外劳动力的现象更是屡见不鲜。就近几年在蒙古国境内的国外从业人员而言，总数量呈增长趋势，尤其是在建筑行业和矿产行业，来自国外的从业人员数量持续增加。但在建筑行业，来自国外的从业人员数量呈季节性波动，夏季时国外的劳动力输入量最大。

从图 3. 40 来看，2012 年蒙古国境内共有 30252 名外国人获得了长期居住许可证，其中有 88.4% （即 26744 人）为从业人员。可以预测，不仅最近几年外国公民到蒙古国从业的情况呈增长趋势，而且这种趋势今后仍会持续下去。毋庸置疑，为确保日后蒙古国经济的持续增长，蒙古国将会继续增加外国从业人员的数量以弥补国内从业人员数量的不足。

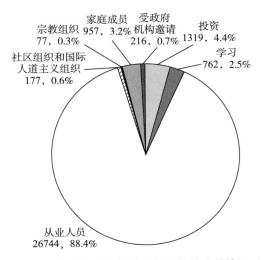

图 3.40　外国公民在蒙古国获得居住许可证的获得情况（2012 年）

第4章 影响蒙古国就业率的因素分析

4.1 针对蒙古国从业人员工资薪酬的研究

在劳动力市场范围内，工资薪酬作为劳动者与工厂、企业、组织机构中的雇主以及管理者之间维持劳动关系的基本调控工具，对劳动力的需求和供给具有重要的影响作用。因此，研究在劳动力市场中工资薪酬对就业率产生何等影响便显得尤为重要。

4.1.1 从业人员的月平均工资状况

在 20 世纪 90 年代以前的社会主义计划经济体制下，蒙古国一直由国家对劳动力市场实施管理和调控。但自转型为市场经济体制后，工资薪酬在劳动市场范围内开始作为主要的调控工具发挥其自身作用。通过以下统计表，可以看出 2000 ~ 2011 年从业人员的月平均工资水平，详见表 4.1。

表 4.1 从业人员的月平均工资及其所属领域（2000 ~ 2011 年）

单位：千图格里克

领域 ＼ 年份	2000	2001	2002	2003	2004	2005	2006	2007	2008	2009	2010	2011
全国	62.3	65.2	71.3	81.5	93.1	101	128	173	274	301	342	424.2

年份 领域	2000	2001	2002	2003	2004	2005	2006	2007	2008	2009	2010	2011
农牧业、林业、狩猎业	48.4	50.3	46.2	48	52.6	52.8	65.8	90.5	158	175	173	203.1
矿产业、开采工厂	59.3	57.3	77.4	88.7	89.7	123	146	220	329	406	572	732.4
加工工厂	66	66.6	68.7	82.7	92.8	101	124	160	268	272	326	402.4
能源与供水	72.8	77.5	81	97.1	111.8	120	140	166	241	297	338	411.3
建筑行业	70.2	73.7	90.6	85.9	99.6	111	133	168	223	235	248	341.7
批发与零售贸易	51.1	54.9	57.6	64.6	73.8	73	85.7	123	194	214	232	273
宾馆与饭店	62.9	70.8	80.4	88	100.4	116	131	153	193	240	267	298.3
运输与仓储产业、通信行业	78.4	84.1	90.9	106	109.0	112	130	174	256	295	369	487.2
财政金融中介	47.3	59.2	83.2	104	125.4	164	256	362	471	600	697	886.9
不动产与租赁行业	50.5	58.7	55.3	65.3	66.0	68.3	91.6	132	252	265	277	330.1
国家行政与国防及社会保险事业	56.7	59.3	66.5	78.2	94.4	106	141	194	327	332	351	434.3
教育事业	59.2	60.8	64.5	77.5	88.2	92.8	124	174	289	297	312	366.1
医疗卫生及公益事业	43.7	48.4	51.5	60.8	79.9	84.6	117	166	296	298	319	382.4
针对社会及个人提供服务的行业	38.7	47.9	50.7	53.7	62.4	68.4	91.3	147	214	265	258	305.3

从表 4.1 可以看出，2000 年全国的月平均工资为 62300 图格里克，各不同行业领域的平均工资在 38700 图格里克到 78400 图格里克之间。至 2011 年，全国的月平均工资为 424200 图格里克，各不同行业间的月平均工资在 203100 图格里克至 886900 图格里克之间。总的来说，2000 年各个行业之间的工资差额相对较小，到 2011 年各行业之间的工资差额发生了急剧变化。具体而言，各领域的月平均工资情况如图 4.1 所示。

从图 4.1 可以看出，在各个经济领域，自 2003 年开始工资薪酬的数额开始呈现出差异，并在 2011 年达到差额的最大值。从 2013 年的情况来看，工资最高出现在财政金融中介领域，达到 151.04 万图格里克，矿产业、开采工厂领域的月平均工资为 125.72 万图格里克，加工工厂领域的月平均工资为 65.57 万图格里克。其中农牧业、林业、狩猎业领域以 32.15 万图格里克的月平均工资成为获得最少工资的行业。总的来讲，各个领域之间存在工资差距，除了受知识、专业技术、工作能力等因素的影响，还与相关领域的生产率及生产总值相关。

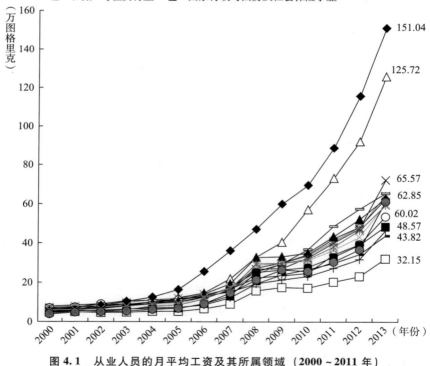

图 4.1　从业人员的月平均工资及其所属领域（2000～2011 年）

此外，各个行业间的工资薪酬除了在数额方面存在差异外，在增长速度上存在更大的差距。表 4.2 和图 4.2 反映出经济各领域工资薪酬的增长情况。

表 4.2 月平均工资的增长率（2001～2011 年）

单位：%

领域	月平均工资的净增长率											最近 11 年的增长率	年平均净增长率
	2001 年	2002 年	2003 年	2004 年	2005 年	2006 年	2007 年	2008 年	2009 年	2010 年	2011 年		
农牧业、林业、狩猎业	3.9	-8.2	3.9	9.6	0.4	24.6	37.5	74.7	10.8	-1.5	17.7	419.6	13.9
矿产业、开采工厂	-3.4	35.1	14.6	1.1	36.9	19	50.4	49.6	23.5	41	28	1235.1	25.7
加工工厂	0.9	3.2	20.4	12.2	8.3	23.5	29.1	67.3	1.5	19.9	23.4	609.7	17.9
能源与供水	6.5	4.5	19.9	15.1	7	16.6	18.8	45.4	23.4	13.5	21.9	565	17.1
建筑行业	5	22.9	-5.2	16	11.3	19.7	26.3	33.1	5.4	5.2	38.1	486.8	15.5
批发与零售贸易	7.4	4.9	12.2	14.2	-1.1	17.4	43.6	57.4	10.4	8.2	17.9	534.2	16.5
宾馆与饭店	25.6	13.6	9.5	14.1	15.6	12.6	17.2	26.1	24.1	11.4	11.7	474.2	15.2
运输与仓储产业、通信行业	7.3	8.1	16.7	2.7	3.1	15.4	34.2	46.8	15.3	25.2	32	621.4	18.1
财政金融中介	25.2	40.5	24.8	20.8	30.7	55.9	41.6	30.3	27.3	16.1	27.3	1875.1	30.5
不动产与租赁行业	16.2	-5.8	18.1	1.1	3.5	34.1	44.5	90.1	5.2	4.7	19	653.7	18.6
国家行政与国防及社会保险事业	4.6	12.1	17.6	20.7	12.5	33.1	37.3	68.7	1.4	5.8	23.7	766	20.3
教育事业	2.7	6.1	20.2	13.8	5.2	33.1	41	65.9	2.8	4.8	17.5	618.4	18
医疗卫生及公益事业	10.8	6.4	18.1	31.4	5.9	37.7	42.5	78.2	0.9	6.9	19.8	875.1	21.8
针对社会及个人提供服务的行业	23.8	5.8	5.9	16.2	9.6	33.5	61.1	45.4	23.9	-2.8	18.5	788.9	20.6
全国	4.7	9.4	14.3	14.2	8.7	26.2	35.5	58.5	9.6	13.6	24.2	680.9	19.1

从表4.2中可以看出，2001～2011年月平均工资的增长率在各行业间存在不同程度的差异。具体而言，这段时间内的月平均工资在农牧业、林业、狩猎业增长了13.9%，在财政金融中介领域增长了30.5%，在矿产业、开采工厂领域增长了25.7%，在医疗卫生及公益事业领域增长了21.8%，在国家行政与国防及社会保险事业领域增长了20.3%。将表4.2中的数据以统计图的形式表示出来可更直观地看出月平均工资在各行业内的增长情况，如图4.2所示。

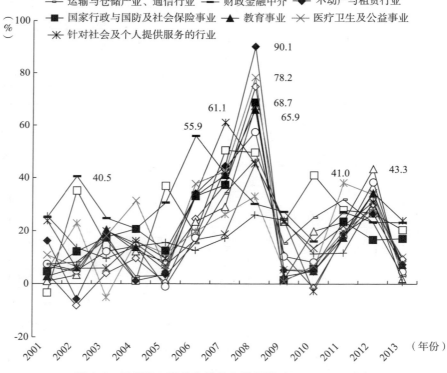

图4.2　月平均工资的净增长率及领域（2001～2013年）

2008年的工资薪酬增长率最高，其中不动产与租赁行业的工资持续增长率为90.1%，成为增长幅度最高的行业；医疗卫生及公益事业领域的月平均工资净增长率为78.2%；农牧业、林业、狩猎业领域增长 74.7%；国家行政与国防及社会保险事业领域增长 68.7%；加工工厂领域增长 67.3%；教育事业领域增长 65.9%，这使得 2008 年的全国范围内月平均工资薪酬增长了 58.5%，成为 2001 ~ 2011 年增长率最高的一年。与此同时，2007 年、2011 年也呈现出极高的增长率。而从工资薪酬增长率较低的情况来看：受世界范围内金融危机的影响，2009 年工资薪酬增长率较低。在世界经济危机爆发的同时，企业及组织机构在财政金融方面出现了一定的困难，造成工资薪酬增幅较低。

综上，在矿产业、开采工厂领域，建筑行业领域，加工工厂领域等各实体经济领域的工资呈现相对稳定增长的态势。

4.1.2　名义工资与实际工资情况

在经济学中，工资被分为名义工资与实际工资两种。一方面，名义工资是在与购买力无关的情况下，雇主在相关期限内发放给从业者的货币总额，它是就业者的主要生活来源，所以工资也成为经济学家向政策制定者提出的最重要目标指引。另一方面，因工资薪酬与购买力直接相关，所以产生了实际工资的概念，即从业者依靠出卖劳动所得到的货币所能购买的生活资料数量。因此，只有将名义工资与实际工资结合起来分析工资薪酬才具有科学的意义，图 4.3 展示了 1990 ~ 2011 年蒙古国名义工资的变化情况。

从图 4.3 可以看出，名义工资 2011 年比 1990 年增长了 760.6 倍，1990 年的名义工资为 557 图格里克，2011 年增长为 42.42 万图格里克。因名义工资不将通货膨胀水平、购买力、货币的标准变化等影响因素纳入核算范围，所以名义工资不可以直接用作评价及衡量从业人员的劳动价值及购买能力的指标。1990 ~ 2013 年，蒙古国名义工资的增长与本国政治、社会、经济领域内发生的众多变化相关。在 2000 年以后，名义工资的增长更加迅速，2000 年的名义工资为 4.49 万图格里克，至

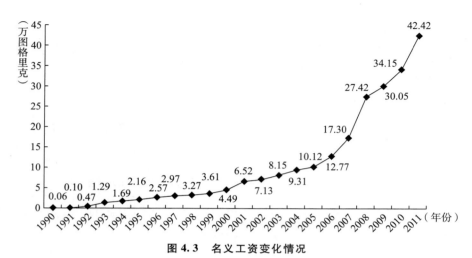

图 4.3　名义工资变化情况

2011 年已增至 42.42 万图格里克，即名义工资增长了 8.4 倍。

　　考虑到通货膨胀水平对工资的影响，实际工资的数额才是真实工资购买力的体现，因此必须将名义工资与通货膨胀及价格指数进行对比研究。在 20 世纪 90 年代中期，蒙古国境内产生了超过 350% 通货膨胀率的经济危机，受经济复苏的影响，自 20 世纪 90 年代末至 21 世纪初开始，尤其是近几年来蒙古国通货膨胀水平处于 10% 左右的相对稳定状态。在 1991 年更新货币比例尺决议的指导下，当时货币购买力水平已经降低，通过观察 1990 ~ 2011 年的物价增长情况便可略知一二。

　　图 4.4 体现出蒙古国境内在 1990 ~ 2011 年物价水平大幅度升高的情况。将物价增幅与名义工资增幅进行对比可知，名义工资的增长快于物价的增长，即蒙古国的实际工资也已实现增长。具体而言，2011 年的物价比 1990 年时增长了 569%，而同一时间段内的名义工资则增长了 760.6%。

　　为了研究从业人员收入或工资增长是否以实际的形式对他们的生活产生了一定影响，须针对实际工资或者从业人员一直以来获得的具有一定购买力的工资变化情况进行研究。为此我们借助通货膨胀水平及 1990 年的物价对 1990 ~ 2011 年的实际工资进行分析。

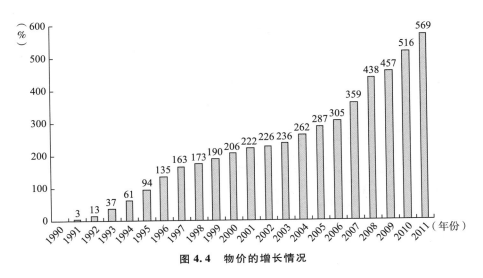

图 4.4　物价的增长情况

如图 4.5 所示，实际工资自 1990 年开始下降，在 1998 年达到谷底，而后自 1999 年起又开始重新上涨。实际工资经过了一个下降又增长的过程后，最终从 1990 年的 557 图格里克增长至 2011 年的 745.4 图格里克。从总体来看，实际工资增长了 188.4 图格里克，即增长了 33.8%，即从业者的购买力在 23 年里增长了 33.8%。当然，还应将实际工资与国内生产总值的变化进行深入对比。

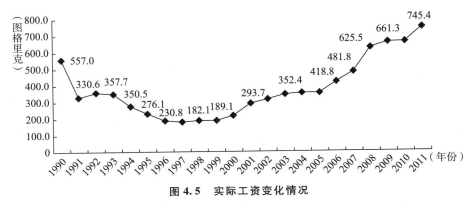

图 4.5　实际工资变化情况

图 4.6 着重以 1990 年（即民主革命胜利并转变为市场经济体制的历史转折点）为基准，分析了蒙古国各年份实际工资薪酬所发生的具体变化。

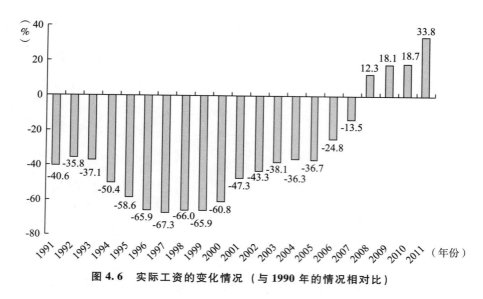

图 4.6 实际工资的变化情况（与 1990 年的情况相对比）

自 1990 年以后，从业人员的实际工资每年都以一定的数额持续降低，直至 2008 年才开始增长。其中，1997 年的实际工资降至最低点，当年的实际工资降低率为 67.3%；1991 年实际工资的降低率为 40.6%，1991～1997 年的降幅在 35.8%～67.3%。但自 1997 年以后，虽然实际工资仍处于下降状态，但每年的降低率在不断减少，实际工资在 2007 年的降低率只有 13.5%。而自 2008 年起实际工资开始增长，其中 2008 年的增幅达到了 12.3%，2009 年的增幅为 18.1%，2010 年的增幅为 18.7%，2011 年的增幅为 33.8%。总的来讲，虽然在相关几年中出现过名义工资持续增长的现象，但由于受到通货膨胀、物价指数及货币购买力等因素的影响，1991～2007 年实际工资持续降低对人们的生活水平及购买力等方面产生了负面的影响。

4.1.3 各行业的平均工资及从业人员数量

在任何一个国家，有关工资薪酬的各项政策和决议均可以影响实际工资及实际收入的变化。可以说，虽然名义工资的增长可以在一定程度上可缓解通货膨胀所带来的负面效应，但只有使实际收入得以增加才是增强人口购买力的根本方式。然而存在一对天然的矛盾，即从雇主或企业、组织机构的角度来看，不可能同时让所有人的工资薪酬得到增长。雇主致力于发放尽量少的工资薪酬以使劳动成本能够保持在较低的水平，而对于从业人员来讲，工资薪酬是他们收入的主要来源，所以他们希望取得高额的工资薪酬。

工资薪酬是劳动市场中主要的调控工具，因在劳动市场上，作为劳动供应者的从业人员规模与工资薪酬直接相关，并具有一定的规律性，因此有必要对经济领域各主要部门的从业人员数量与工资薪酬的关系进行分析，具体情况见图4.7～图4.14。

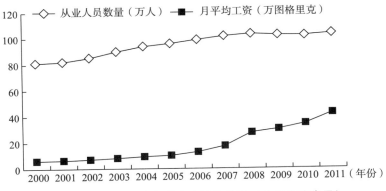

图 4.7　月平均工资与从业人员的数量（全国平均水平）

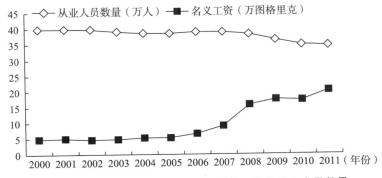

图 4.8　农牧业、林业、狩猎业领域的工资及从业人员数量

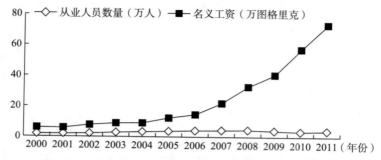

图 4.9　矿产业、开采工厂领域的工资及从业人员数量

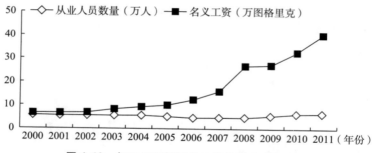

图 4.10　加工工厂领域的工资与从业人员数量

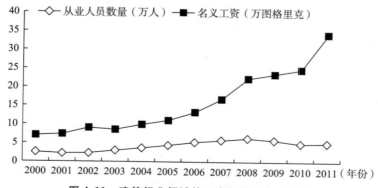

图 4.11　建筑行业领域的工资与从业人员数量

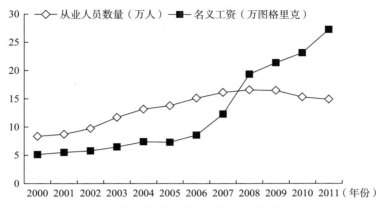

图 4.12 批发与零售贸易领域的工资及从业人员数量

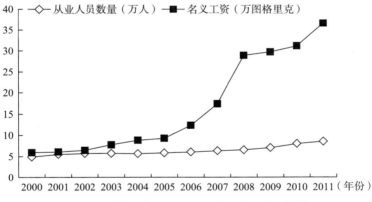

图 4.13 教育事业领域的工资与从业人员数量

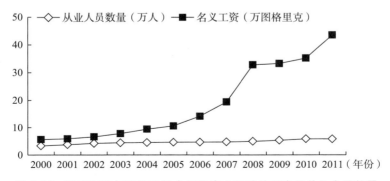

图 4.14 国家行政与国防及社会保险事业领域的工资及从业人员数量

从各经济领域的名义工资与该领域从业人员数量之间的关系来看：蒙古国各领域名义工资均出现较大幅度的增长，但从业人员数量变化差异较大。教育事业领域、国家行政与国防及社会保险事业领域从业人员稳定增长，就业规模较大的批发与零售贸易领域从业人员数量下降。

此外，雇主对从业人员发放的工资薪酬应该与劳动生产率息息相关，劳动生产率的提高能够实现产品生产及服务行业中劳动者收入的增长。若劳动者希望得到比企业主或资本家付给从业人员的工资还要丰厚的收入，就要寄希望于劳动生产率的提高，使企业获得更大的利润，同时，劳动者在劳动市场上也期望获得与自己所创造利润相匹配的工资。因此，在遵循合理原则的情况下产生了将工资薪酬与劳动生产率变化相结合进行的研究。

4.2　劳动生产率

从雇主的角度看，诸多与劳动力相关的问题尤为重要，包括从业人员的学历、知识、能力、效率、劳动成本或工资薪酬等问题。生产率是劳动经济学中最重要的问题之一，劳动经济学家们认为工资薪酬的增长与生产率之间应该具有这样的关系：生产率的增长或者说企业收入的增长应领先于工资薪酬或成本的增长。

笔者通过分析蒙古国内各行业的劳动生产率及其与历年工资、从业人员数量之间的关系，逐步呈现出蒙古国劳动生产率增长的实际情况。

4.2.1　各行业的劳动生产率状况

借助以下反映蒙古国各行业领域工资与劳动生产率的关系图表，

深入分析蒙古国各行业劳动生产率的总体状况。

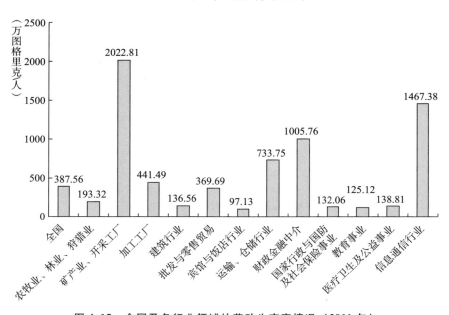

图 4.15　全国及各行业领域的劳动生产率情况（2011 年）

从 2011 年的情况来看，全国范围内的平均劳动生产率为 387.56 万图格里克人/人，劳动生产率最高的行业是矿产业、开采工厂领域，其生产率为 2022.81 万图格里克/人；位居第二的信息通信行业领域，其劳动生产率为 1467.38 万图格里克/人；而财政金融中介领域的劳动生产率为 1005.76 万图格里克/人，上述行业的劳动生产率在各行业中遥遥领先。宾馆与饭店行业领域作为劳动生产率最低的部门，其劳动生产率为 97.13 万图格里克/人；教育事业领域的劳动生产率为 125.12 万图格里克/人；国家行政管理与国防及社会保险事业领域的劳动生产率为 132.06 万图格里克/人，以上行业是劳动生产率最低的三个行业。在经济的几个基础性行业中，农牧业、林业、狩猎业的劳动生产率为 193.32 万图格里克/人；加工工厂领域的劳动生产率为 441.49 万图格里克/人；建筑行业的劳动生产率为 136.56 万图格里克/人；批发与零售贸易行业的劳动生产率为 369.69 万图格里克/人；

运输与仓储业的劳动生产率为 733.75 万图格里克/人。

众所周知，劳动生产率不仅与行业内总体生产数额及从业人员的数量相关，还与各经济领域中产品的世界市场价格、技术设备、生产工艺等方面具有很大的关联性，值得注意的是，蒙古国各个领域的劳动生产率在最近几年发生了巨大的变化，通过图 4.16 可以窥见一斑。

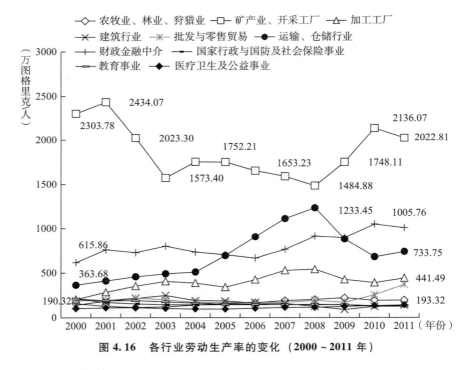

图 4.16　各行业劳动生产率的变化（2000～2011 年）

2000～2011 年，各行业领域的劳动生产率发生了一系列变化。首先，总体劳动生产率最高的行业领域是矿产业、开采工厂领域，该领域只有 2008 年的劳动生产率最低，为 1484.88 万图格里克/人，2001年劳动生产率为 2434.07 万图格里克/人。矿产业、开采工厂领域劳动生产率之所以在 2008 年为最低水平是受到了世界金融危机的影响，同时，与矿产业、开采工厂领域相关的煤炭、铜矿石、金矿石等产品的价格也随之降低。其次，财政金融中介领域的劳动生产率轻微波动，从 2000 年的 615.86 万图格里克/人增至 2011 年的 1005.76 万图格里克/人。再次，运输、仓储行业领域的劳动生产率一直呈大幅度波动，劳动生产率在 2008 年达到了最高值 1233.45 万图格里克/人，在 2011 年又降至 733.75 万图格里克/人。最后，作为主要经济领域的加工工厂领域呈现相对稳定增长的趋势，2000 年该行业的劳动生产率为 201.87 万图格里克/人，至 2011 年达到 441.49 万图格里克/人。同时，批发与零售贸易行业的劳动生产率在 2011 年达到了 369.69 万图格里克/人。

4.2.2　各行业历年工资与劳动生产率的具体关系

我们试图从蒙古国各主要经济领域的层面来研究作为劳动力市场中最重要关系之一——工资薪酬与劳动生产率之间的关系。从总体上来看，在蒙古国国内总产品中占据最高份额的农牧业、林业、狩猎业，矿产业、开采工厂，加工工厂，建筑行业，批发与零售贸易，运输、仓储行业，信息通信行业等各个领域中，工资薪酬都与劳动生产率具有紧密的联系，具体情况见图 4.17 ～图 4.23。

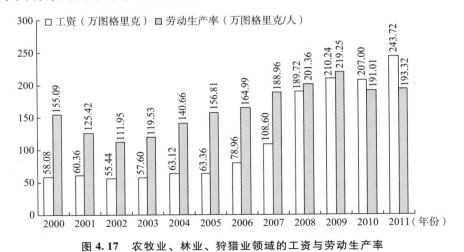

图 4.17　农牧业、林业、狩猎业领域的工资与劳动生产率
（2000～2011 年）

　　在农牧业、林业、狩猎业领域内，劳动生产率在 2011 年时为193.32 万图格里克/人，平均工资为 243.72 万图格里克，该行业的劳动生产率并未达到其工资成本。在 2010 年、2011 年，该行业的平均工资分别比劳动生产率高出 8%、26%。

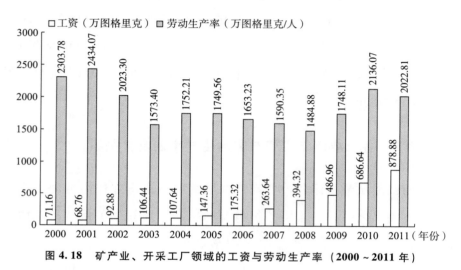

图 4.18　矿产业、开采工厂领域的工资与劳动生产率（2000～2011 年）

　　在矿产业、工采工厂领域，2011 年的劳动生产率为 2022.81 万图格里克/人，平均工资为 878.88 万图格里克，其劳动生产率是其工资的 2.3 倍。

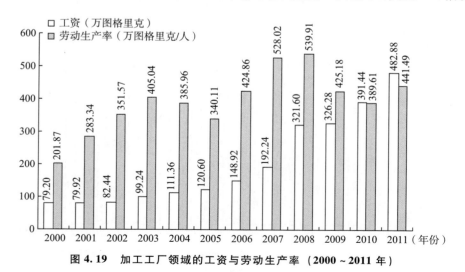

图 4.19　加工工厂领域的工资与劳动生产率（2000～2011 年）

在加工工厂领域，2011 年的劳动生产率为 441.49 万图格里克/人，平均工资为 482.88 万图格里克，劳动生产率低于工资水平。

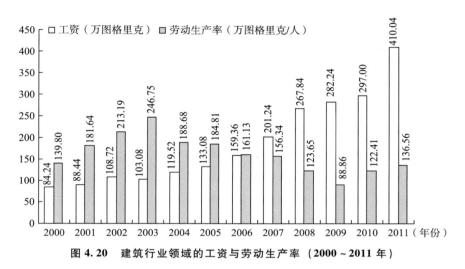

图 4.20　建筑行业领域的工资与劳动生产率（2000～2011 年）

在建筑行业领域，2011 年的劳动生产率为 136.56 万图格里克/人，平均工资为 410.04 万图格里克，劳动生产率比平均工资低 66.7%。这一情况与蒙古国境内的隐性经济规模不断增加，且该行业中各个企业隐瞒、虚报收入有着密切的联系。

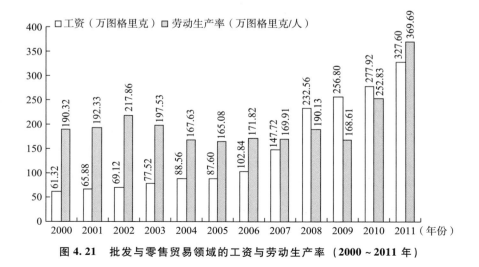

图 4.21　批发与零售贸易领域的工资与劳动生产率（2000～2011 年）

在批发与零售贸易领域，2011 年的劳动生产率为 369.69 万图格里克/人，平均工资为 327.6 万图格里克，劳动生产率比其平均工资高出 12.8%。

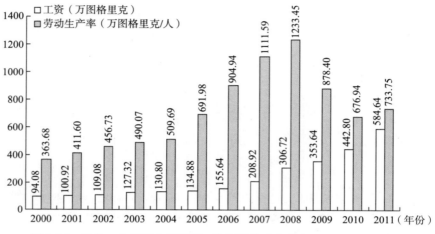

图 4.22 运输、仓储行业领域的工资及其劳动生产率（2000~2011 年）

在运输、仓储行业领域，2011 年的劳动生产率为 733.75 万图格里克/人，平均工资为 584.64 万图格里克，劳动生产率比平均工资高出 25.5%。

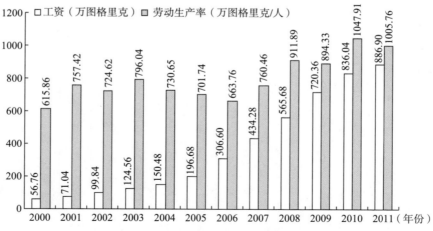

图 4.23 财政金融与保险事业领域的工资及其劳动生产率
（2000~2011 年）

　　财政金融与保险事业行业 2011 年的劳动生产率为 1005.76 万图格里克/人，平均工资为 886.9 万图格里克，该领域的劳动生产率比平均工资高出 13.4%。

　　综上，从蒙古国主要行业领域的劳动生产率与平均工资之间的对比研究来看，2000～2011 年，在某些行业领域内工资薪酬低于劳动生产率的现状不仅与该行业领域的技术设备、生产工艺水平相关，同时也与政府补助性福利有关。由此可见，蒙古国在核算国内生产总值时，存在无法将某些收入纳入劳动生产率的各项指标的现象。

4.2.3　各行业领域工资与劳动生产率的情况

　　将经济各行业领域的劳动生产率与名义工资对比研究后有以下具体情况。

表 4.3　各行业领域劳动生产率与名义工资的比值

年份	农牧业、林业、狩猎业	矿产业、开采工厂	加工工厂	建筑行业	批发与零售贸易	运输、仓储行业	财政金融与保险事业
2000	2.7	32.4	2.5	1.7	3.1	3.9	10.9
2001	2.1	35.4	3.5	2.1	2.9	4.1	10.7
2002	2.0	21.8	4.3	2.0	3.2	4.2	7.3
2003	2.1	14.8	4.1	2.4	2.5	3.8	6.4
2004	2.2	16.3	3.5	1.6	1.9	3.9	4.9
2005	2.5	11.9	2.8	1.4	1.9	5.1	3.6
2006	2.1	9.4	2.9	1.0	1.7	5.8	2.2
2007	1.7	6.0	2.7	0.8	1.2	5.3	1.8
2008	1.1	3.8	1.7	0.5	0.8	4.0	1.6
2009	1.0	3.6	1.3	0.3	0.7	2.5	1.2
2010	0.9	3.1	1.0	0.4	0.9	1.5	1.3
2011	0.8	2.3	0.9	0.3	1.1	1.3	1.1
2012	1.8	13.4	2.6	1.2	1.8	3.8	4.4

从表4.3来看，将蒙古国经济各主要领域的劳动生产率与当年的名义工资进行对比后发现，2012年，劳动生产率比名义工资多0.2～12.4倍。劳动生产率与名义工资比值最高的领域是矿产业、开采工厂领域，该领域的劳动生产率比名义工资高出12.4倍，而在劳动生产率与名义工资比值最小的建筑行业领域，劳动生产率只比名义工资高出0.2倍。不容忽视的是，劳动生产率与名义工资的比值在各个领域具有差异的同时，在一定时期内将会持续波动。虽然该比值在某些行业领域呈下降的趋势，却在另一些行业领域相对稳定，在极特殊的行业领域存在极大的波动。从总体来看，蒙古国各主要行业领域的劳动生产率与名义工资间的比例关系如图4.24所示。

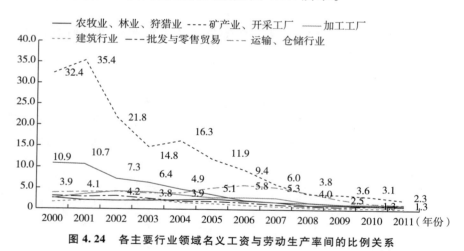

图4.24　各主要行业领域名义工资与劳动生产率间的比例关系

2000～2011年，各行业劳动生产率与工资的比例整体呈现降低的趋势，这说明使劳动生产率提高的收入与从业人员工资薪酬间的差额在持续减少。其中，矿产业、开采工厂领域劳动生产率与名义工资间的比例从2001年的35.4降至2011年的2.3，意味着在2001年，矿产业、开采工厂领域付给从业人员的工资薪酬与他们所创造的收入间存在极大差额。但是到2011年这一指标降至2.3，反映出从业人员所创造的收入与他们所耗用成本间的差额以极大的幅度降低了。

可以说，矿产业、开采工厂领域劳动生产率与名义工资间的比例极高，而在其他行业中该比例则相对较低。这一比例的大小与劳动价值、资本价值、该行业领域的效益及业务水平等诸多因素相关，因此可对此进行深入研究。

4.2.4　各行业劳动生产率与从业人员数量的关系

按照古典经济理论，劳动生产率是影响生产力需求的主要因素。所以，为更加明晰两者的相关性，笔者对经济各行业领域中劳动生产率如何对劳动力需求产生影响进行剖析，具体情况如图 4.25 ~ 图 4.29 所示。

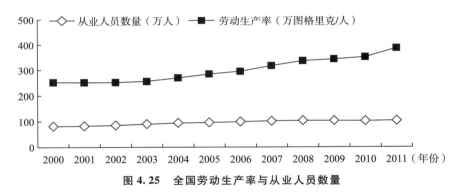

图 4.25　全国劳动生产率与从业人员数量

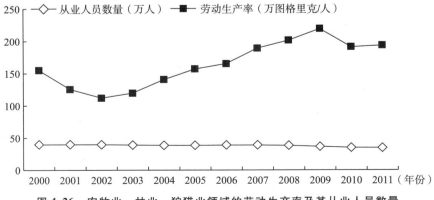

图 4.26　农牧业、林业、狩猎业领域的劳动生产率及其从业人员数量

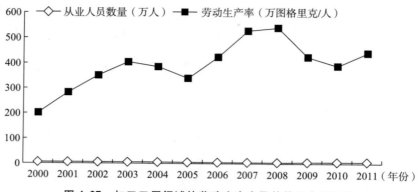

图 4.27　加工工厂领域的劳动生产率及其从业人员数量

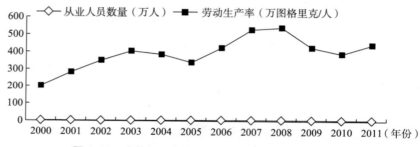

图 4.28　建筑行业领域的劳动生产率及其从业者数量

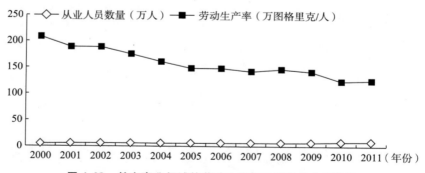

图 4.29　教育事业领域的劳动生产率及其从业人员数量

　　按照经济理论，与劳动力需求相关的劳动生产率对就业率产生影响，工资薪酬可成为调控就业率的重要因素，图 4.25～图 4.29 说明了工资薪酬及劳动生产率如何对就业率产生影响。就蒙古国的实际情况而言，某些数据出现错误、存在隐性经济且收入尚未登记注册等因素造成了劳动生产率、工资薪酬及就业率名义上的增加，而若要运用劳动生产率及工资薪酬同时控制就业率则可能性较小。但可借助于国内生产总值及资本深化水平对人口就业情况产生重要影响，一方面利用经济增长来促进就业，另一方面提高资本深化的水平，使其规律性地提高就业率。在经济学界，经济学家们已经接受了经济增长、创造收入的过程与劳动、资本等要素之间的关系，因此我们将针对就业率与国内生产总值及其与资本相结合的情况进行研究。

4.3　国内生产总值与劳动和资本的关系

4.3.1　柯布－道格拉斯生产函数的引用

在研究蒙古国经济发展中劳动与资本所发挥的作用时，我们利用柯布－道格拉斯生产函数这一经济学中使用最广泛的生产函数进行分析。任何一种收入形成的过程除了与劳动及资本相关以外，还应与劳动技能、资本的质量有着更大的关联，我们可将上述的两个因素称为生产率，而劳动生产率与资本生产率往往使生产与收入的数量具有更大的相关性。下面，笔者将借助于柯布－道格拉斯生产函数具体说明各因素之间的关系，生产函数的基本形式如下：

$$Y = A \times L^{\alpha} \times K^{\beta} \qquad (1)$$

在这个公式中，A 表示全要素生产率，它影响着生产的最终规模及收入；L 表示投入的劳动；K 表示投入的资本，劳动与资本也与产出密切相关。因上述的所有要素均互相影响、相互融合，所以笔者将针对以下几方面进行分析研究。

（1）国内生产总值、国内生产总值的增长率及趋势；

（2）从业人员的数量及规模的变化对国民生产总值所产生的影响；

（3）劳动生产率对国内生产总值所产生的影响；

（4）资本消耗对国内生产总值所产生的影响；

（5）资本质量及其生产率对国内生产总值所产生的影响。

在各要素相互结合的情况下，确认劳动力的规模、劳动生产率、投入的资本对经济所产生的影响具有极其重要的意义。笔者将借助以下的几个公式进行相关研究。

对国内生产总值产生影响的各因素分析（指数法）：

$$GDP = \frac{K}{L} \times \frac{GDP}{K} \times L \qquad\qquad (2)$$

资本给予率对其的影响：

$$\Delta GDP = \left(\frac{GDP_1}{K_1} - \frac{GDP_0}{K_0} \right) \times L_1 \times \frac{K_1}{L_1} \qquad\qquad (3)$$

资本生产率对其的影响：

$$\Delta GDP = \left(\frac{K_1}{L_1} - \frac{K_0}{L_0} \right) \times L_1 \times \frac{GDP_0}{K_0} \qquad\qquad (4)$$

劳动力数量对其的影响：

$$\Delta GDP = \Delta L \times \frac{K_0}{L_0} \times \frac{GDP_0}{K_0} \qquad\qquad (5)$$

4.3.2　国内生产总值的影响因素分析

笔者将劳动力数量与资本相结合研究它们对蒙古国国内生产总值的影响，但在分析过程中却遇到了一些诸如难以获取最近 20 年的数据信息，并要将其资本进行折旧的难题。

在表 4.4 中，资本存量已参照当年的资本折旧率完成核算，并运用了国家统计局核算完成资本生产率，这意味着投入在生产中的资本已按照当年的损耗资本或折旧数额进行统计，而且在对各项因素进行分析的过程中，所运用的相关数据已转换至 2005 年的相对物价。

表 4.4　国内生产总值的影响因素分析

年份	国内生产总值（参考 2005 年的物价水平，百万图格里克）GDP	从业人员数量（千人）L	资本（参考 2005 年的物价水平，万图格里克）K	根据折旧的情况核算得出的资本生产率（图格里克）GDP/K	劳动生产率（万图格里克/人）GDP/L	人均资本损耗（万图格里克）K/L
1990	2120075.80	783.60	25339.76	8.37	270.56	32.34
1991	1924036.74	795.70	25733.52	7.48	241.80	32.34
1992	1741297.50	806.00	25860.00	6.73	216.04	32.08
1993	1689004.26	772.80	26169.27	6.45	218.56	33.86
1994	1727853.14	786.50	27215.17	6.35	219.69	34.60
1995	1836915.62	794.50	28099.56	6.54	231.20	35.37
1996	1880137.68	791.80	28812.42	6.53	237.45	36.39
1997	1955312.34	788.30	29593.34	6.61	248.04	37.54
1998	2024381.90	809.50	30508.30	6.64	250.08	37.69
1999	2089480.22	830.00	31608.02	6.61	251.75	38.08
2000	2111550.77	811.30	32099.18	6.58	260.27	39.57
2001	2133221.38	820.70	32615.00	6.54	259.93	39.74
2002	2219534.31	851.60	32705.00	6.79	260.63	38.40
2003	2342678.77	898.70	32853.77	7.13	260.67	36.56
2004	2595092.67	938.50	34279.77	7.57	276.52	36.53

续表

年份	国内生产总值（参考2005年的物价水平，百万图格里克）GDP	从业人员数量（千人）L	资本（参考2005年的物价水平，万图格里克）K	根据折旧的情况核算得出的资本生产率（图格里克）GDP/K	劳动生产率（万图格里克/人）GDP/L	人均资本损耗（万图格里克）K/L
2005	2779578.30	959.40	36324.07	7.65	289.72	37.86
2006	3017425.80	989.10	37211.03	8.11	305.07	37.62
2007	3325892.50	1017.00	38119.65	8.72	327.03	37.48
2008	3963960.00	1032.80	39050.46	10.15	383.81	37.81
2009	3913673.20	1023.90	40004.00	9.78	382.23	39.07
2010	4162784.90	1020.00	40980.82	10.16	408.12	40.18
2011	4881362.00	1035.70	41981.49	11.63	471.31	40.53

从图 4.30 来看，资本生产率从最低点 6.35 图格里克增长至 11.63 图格里克，总体上看资本生产率在 1990～2011 年呈现增长的趋势。与作为经济性影响的一个基本因素——劳动生产率相同的是，每个从业人员所创造的收入也随之增长。

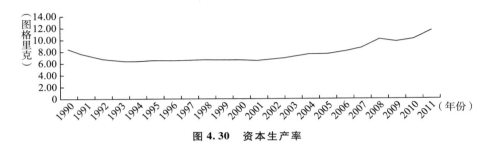

图 4.30　资本生产率

众所周知，劳动者在没有运用任何劳动工具及机械设备的情况下不可能创造财富，而资本折旧率恰好以数字的形式体现出上述问题，笔者在对资本投入量进行研究的过程中一直关注其所损耗的资本即资本折旧率。在核算资本折旧率的同时，人均资本损耗表现出以下具体情况。

从图 4.31 来看，人均资本损耗从 1990 年的 32.34 万图格里克增长到 2011 年的 40.53 万图格里克。

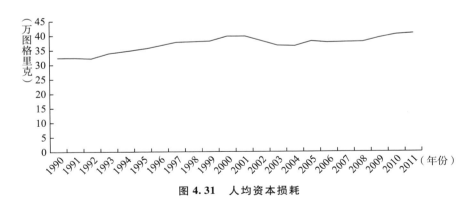

图 4.31　人均资本损耗

对影响国内生产总值相关因素的指数进行分析后得出，在各影响国内生产总值变化的因素中，资本生产率与人均资本损耗占有 74.56% 的超高比例，另外 25.44% 的影响因素则是劳动力的数量（见表 4.5）。

表 4.5　影响国内生产总值的各项因素分析（指数法）

年份	国内生产总值的变化（百万图格里克）ΔGDP	各项影响因素		
		资本生产率的影响（百万图格里克）ΔGDP/K	人均资本损耗的影响（百万图格里克）ΔK/L	劳动力数量的影响（百万图格里克）ΔL
1990				
1991	-196039.06	-228982.80	206.49	32737.26
1992	-182739.24	-192196.05	-15449.03	24905.84
1993	-52293.24	-73118.33	92551.00	-71725.90
1994	38848.88	-28654.81	37561.46	29942.23
1995	109062.48	52913.80	38573.57	17575.11
1996	43222.06	-3378.83	52843.39	-6242.51
1997	75174.66	24216.39	59269.06	-8310.79
1998	69069.57	8615.31	7869.43	52584.83
1999	65098.32	-7873.91	21706.22	51266.00
2000	22070.55	-10397.78	79544.57	-47076.24
2001	21670.62	-12261.11	9466.58	24465.15
2002	86312.92	80426.37	-74430.91	80317.46
2003	123144.46	113048.17	-112660.96	122757.24
2004	252413.90	150730.89	-2065.31	103748.32
2005	184485.63	29725.58	96968.43	57791.62

续表

年份	国内生产总值的变化（百万图格里克）ΔGDP	各项影响因素		
		资本生产率的影响（百万图格里克）$\Delta GDP/K$	人均资本损耗量的影响（百万图格里克）$\Delta K/L$	劳动力数量的影响（百万图格里克）ΔL
2006	237847.50	169975.65	-18175.13	86046.98
2007	308466.70	234787.08	-11434.30	85113.92
2008	638067.50	556855.73	29541.07	51670.70
2009	-50286.80	-147078.93	130950.97	-34158.83
2010	249111.70	153547.47	110471.27	-14907.05
2011	718577.10	616930.05	37572.81	64074.24
总计	2761286.20	1488829.94	570880.66	702575.60
比重（%）	100.00	53.88	20.67	25.44
比重（%）	100.00	74.56		25.44

从图 4.32 来看，资本生产率对国内生产总值的影响在上下波动中呈上升趋势，并在 2011 年达到最大值 6169.30 亿图格里克。

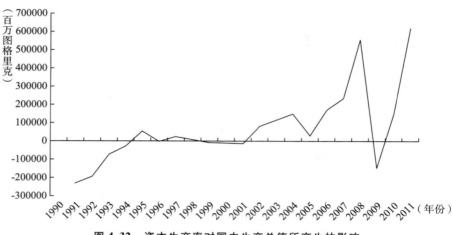

图 4.32 资本生产率对国内生产总值所产生的影响

人均资本损耗对国内生产总值的影响波动较大，在 2009 年达到最大值时为 1309.5 亿图格里克（如图 4.33）。

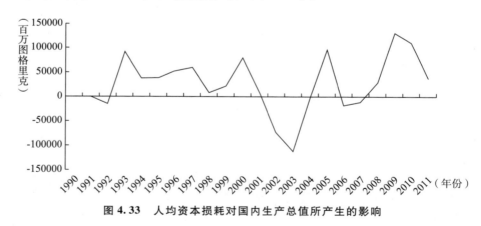

图 4.33 人均资本损耗对国内生产总值所产生的影响

劳动力数量对国内生产总值的影响在 2003 年达到最大值 1227.57 亿图格里克，而在某些年份里却对国内生产总值产生了负面效应（如图 4.34）。

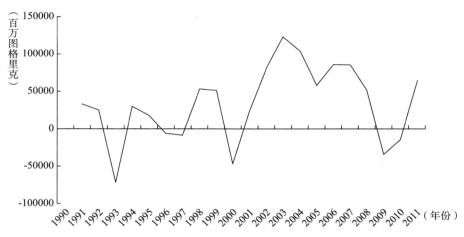

图 4. 34　劳动力数量对国内生产总值所产生的影响

第5章　劳动力对蒙古国经济
增长的影响

5.1　柯布－道格拉斯生产函数

经济学中的柯布－道格拉斯生产函数可探讨任何经济活动的投入与产出的关系，其最常见的方程式如下：

$$Y = F(K, L) \qquad (1)$$

$$Y_t = A_t \times F(K, L) \qquad (2)$$

可以将上述公式概括为经济活动所产生的结果便是收入消费（C）与投资（I）的总和，即收入成为消费品并出售或以投资的形式成为经济领域的资本被加以利用，其用常规方程式表示为：

$$Y_t = C_t + I_t \qquad (3)$$

在经济领域中的资本存量在单位期限后变为因折旧而减少的新资本存量与新投资总和，因此，在经济领域内的资本参与可通过折旧而被表现出来，在经济领域中的资本折旧率（δ）可用以下方程式表示：

$$K_{t+1} = (1 - \delta)K_t + I_t \qquad (4)$$

资本存量是经济产出的关键决定因素，除了折旧率以外，另一个

114

影响资本存量的因素便是投资，在储蓄率一定的情况下，资本存量与投资之间形成动态循环的关系，在总体经济领域中储备率（s）可用以下方程式来表示：

$$I_t = s Y_t \tag{5}$$

柯布－道格拉斯生产函数除了引入资本存量外，对劳动力的数量也进行研究，可见与资本扩张相伴的劳动力数量的增长同样值得关注。因劳动力数量的增长与人口规模的增长具有直接的关系，所以在具有模型的条件下有必要对人口的增长进行分析，若将人口的增长按照比率（n）来记录的话，则有以下方程式：

$$L_{t+1} = (1 + n) L_t \tag{6}$$

在上述方程式中，在劳动力的数量与人口增长直接相关的情况下，随着时间的流逝劳动力的规模也会随之增长。

按照相关理论，经济效益通过劳动、资本等各项要素的有效参与得以实现。但资本与劳动的参与占有多少份额，它们所能创造的生产率或收入成为重要的问题，上述问题可以用下面的公式表示：

$$Y_t = A_t K_t^{\beta} L_t^{1-\beta} \tag{7}$$

将上述方程式的两端除以劳动的数量规模 L_t，将出现以下形式：

$$\frac{Y_t}{L_t} = A_t K_t^{\beta} \Big/ L^{\beta} \tag{8}$$

其中，$\dfrac{Y_t}{L_t} = y_t$ 表示从业人员的人均收入；$\dfrac{K_t^{\beta}}{L_t^{\beta}} = k_t$ 表示从业人员的人均资本储备，因此上述的方程式可变为：

$$y_t = A_t k_t \tag{9}$$

进行这项研究工作的主要目的在于，探讨为实现符合蒙古国政府制定的经济增长目标，人均资本与技术进步即全要素生产率（A）应该达到何种水平。在该模型中，由于已将从业人员的平均收入体现出来，所以必须从人均国内生产总值的角度对其进行核算。

在全世界各个国家，经济增长与发展是通过人均国内生产总值进行衡量的。《载入千年发展目标的国家发展一系列政策》是蒙古国为促进人均国内生产总值增长而拟定的重要依据性文件。国内生产总值增长的程度可运用储蓄（S）来表达，同时投资（I）也会随之增加。投资能够推动经济领域内资本存量的增加以及人均资本（资本生产率）水平的提高。

各个高度发达的国家资本深化水平或技术水平较高，通过投资可使资本存量及生产技术水平不断提高，从而可创造满足经济高度增长的条件，因此，劳动者的人均资本水平及资本折旧率在经济增长模型中具有非常重要的意义，可通过式（10）表示：

$$K_{t+1} = (1-\delta)k_t + sAk_t^\beta \tag{10}$$

借助以上方程式，将劳动力的人均收入引入人均资本中可得出式（11）：

$$y_{t+1} = A_t \frac{(1-\delta)k_t + sAk_t^\beta}{1+n} \tag{11}$$

从式（11）来看，当劳动力的平均资本（k）或者全要素生产率（A）增长时，劳动力的人均收入将会增长。

因此，在经济领域满足劳动力人均资本、折旧损耗资本增长，并在保持资本折旧率稳定的同时，可以实现经济的稳定增长，式（12）也表达出经济稳态的条件，即人均储蓄等于资本广化（实际资本的增长率与劳动力或人口的增长率相等）。

$$sf(k_t) = (n+\delta)k_t \tag{12}$$

通过式（12）可知，在经济增长模型具有稳定性时劳动力人均收入可表示为：

$$y = A\left(\frac{sA}{n+\delta}\right)^{\frac{\beta}{1-\beta}} \quad\quad\quad (13)$$

通过劳动力的人均收入可进一步明确在蒙古国实施长期性发展政策及计划时，劳动力的参与及与其相关的其他问题，在获得上述方程式各项参数的同时，需明确并统计蒙古国的发展目标、未来可达到的经济增长率、从业人员能够实现的收入水平、生产力的数量规模及其增长率、经济领域内的生产力及资本折旧率、资本回报率、技术进步等要素。

5.2　影响蒙古国经济增长各要素的情况

5.2.1　人均产出（y）

前文的式（13）在明确数学变量的情况下得出每一名从业者所能创造的收入，借助拟在未来实现的人均国内生产总值对从业人员的人均收入进行核算，这意味着拟定的 2021 年人均国内生产总值将在国家制定的一系列发展政策中实现，并进行相应的核算。

蒙古国的《载入千年发展目标的国家发展的一系列政策》将在2021 年明确颁布。《载入千年发展目标的国家发展的一系列政策》中涉及的经济增长发展政策如下。

经济发展的主要目标即在 2007～2015 年实施《各项千年发展目标》的同时，经济以年均 14% 的增幅增长、人均国内生产总值不低于 5000 美元、建立经济的强势增长基础、2016～2021 年时将经济的增长率保持在年均不低于 12% 的水平上、建立健全并发展知识型经济、实现人均国内生产总值不低于 12000 美元的目标、在构建能够跻身于世界平均收入水平国家行列的经济能力及储备条件的过程中得以生存。

可见，在发展规划中已经制订了蒙古国人均国内生产总值至 2021 年时不低于 12000 美元的计划。因此，我们可运用已经制定编入该政策 y 的数量进行核算，在模型中 y 体现劳动力的人均收入，所以在运用上述人均国内生产总值的同时，必须核算从业人员的人均收入，为此需要核算至 2021 年时的劳动适龄人口与从业人员数量。

根据蒙古国国家统计协会发布的《2010 年至 2040 年人口的未来新增核算》，至 2021 年人口的年龄及性别结构将具有以下特点。

从图 5.1 来看，到 2021 年蒙古国总人口中 67% 为劳动适龄人口，但劳动适龄人口并不可能全部就业。因此可借助当今人口就业率的结构，推算出在 2021 年时将有多少人可能就业。2011 年蒙古国劳动适龄人口的结构情况如图 5.2 所示。

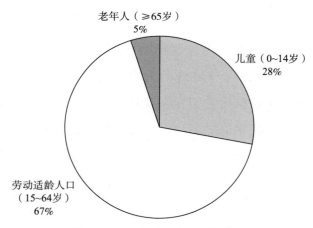

图 5.1　2021 年蒙古国人口的年龄结构

2011 年，蒙古国 58% 的劳动适龄人口正在就业，而另外 42% 的劳动适龄人口却因为某种原因未就业。根据蒙古国人口未来的新核算数据推算出 2021 年的劳动力各项指标如下。

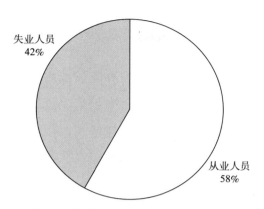

图 5.2　劳动适龄人口的结构（2011 年）

表 5.1　2021 年劳动适龄人口的结构

单位：人

总人口	劳动适龄人口	从业人口	未就业人口
3199038	2143355	1243146	900209

运用上述 2021 年从业人员数量，对人均国内生产总值及从业人员的人均收入进行核算得出如表 5.2 所示的结果。

表 5.2　2021 年从业人员数量、人均国内生产总值及从业人员人均收入

单位：美元，人

总人口	人均国内生产总值	国内生产总值	从业人员数量	从业人员的人均收入
3199038	12000.00	38388456.00	1243146	30880.08

通过表 5.2 中数据来看，至 2021 年从业人员的人均收入将达到 30880 美元，同时人均国内生产总值也将达到 12000 美元。

5.2.2　全要素生产率（A，或称之为索洛剩余）

不同于模型的其他各项因素可以运用实际的数据信息进行核算，在针对这项要素进行核算时会产生许多问题，因此在运用索洛模型的同时也要力求对全要素生产率在未来会有何种可能性进行推算。

5.2.3 储蓄率（S，储蓄在国内生产总值中所占有的份额）

在经济增长的理论家看来，相关经济领域内人口储蓄的总和可以实现经济领域的总积累。但只有在此项积累以投资的形式被引入经济的需求流通领域后，经济才可实现迅速增长。因此，储蓄率是索洛增长模型中的重要因素，其在相关期限内存在，并体现出产生总收入中的若干份额以储备的形式来实现积累的指标。

表 5.3　公民的储蓄规模

年份	公民的储蓄 （百万图格里克）	年平均国内生产总值 （百万图格里克）	储蓄份额 （％）
1990	827.23	10465.00	7.9
1991	1002.16	18909.60	5.3
1992	2783.30	47298.00	5.9
1993	13036.66	194835.90	6.7
1994	27594.30	324400.70	8.5
1995	36818.00	550253.70	6.7
1996	53733.30	646559.30	8.3
1997	54933.30	832635.60	6.6
1998	55575.90	817393.40	6.8
1999	45052.30	925345.80	4.9
2000	86367.90	1018885.70	8.5
2001	124763.90	1115641.40	11.2
2002	206958.20	1240786.80	16.7
2003	348601.50	1479677.90	23.6
2004	497822.40	1945649.50	25.6
2005	632535.50	2524326.10	25.1
2006	931138.09	3172445.60	29.4
2007	1361659.74	4956647.20	27.5
2008	1191473.30	6555569.40	18.2

年份	公民的储蓄 （百万图格里克）	年平均国内生产总值 （百万图格里克）	储蓄份额 （％）
2009	1651277. 30	6590637. 10	25. 1
2010	2366698. 75	8255060. 90	28. 7
2011	2554209. 50	10829689. 60	23. 6

从表 5.3 来看，2009 ~ 2011 年，储蓄率与占国内生产总值 20%以上规模的积累正在形成，因此可运用上述数据信息对 2021 年的储蓄率进行预测。由于国内生产总值与总储蓄之间具有某种关联，所以可运用方程式对 2021 年的相关指标进行核算。国内生产总值与储蓄量之间的关联情况可通过运算得出以下结果。

表 5.4　国内生产总值与储蓄量之间的关联情况

	s	GDP
s	1	
GDP	0.98295	1

从这项结果来看，因国内生产总值与储备量之间存在极强的关联性，所以可运用数据信息及偿还请求的分析核算出 2021 年的储蓄量。那么，将储蓄量进行自然对数转化的同时，将其与相关时间段内的偿还请求进行分析后得出以下结果（见表 5.5）。

由此将与储蓄量相关的偿还请求方程式按照以下形式记录：

$$\ln(s_t) = -3.40099 + 0.5937 \times \ln(t) \tag{14}$$

方程式依照推算出的 2021 年情况得出了 - 1.3458 的数据，并将此数值转化为数据意义时得出了 26.03% 的结果。这意味着至 2021 年时，储蓄量将等于国内生产总值的 26.03% 。因此，根据 2021 年的情况运转模型时，储蓄率可以通过乘以 26.03% 的方法进行核算。

表 5.5 统计结果

回归统计

Multiple R	0.746384011
R Square	0.557089093
Adjusted R Square	0.534943547
Standard Error	0.446031188
Observations	22

方差分析

	Df	SS	MS	F	Significance F
Regression	1	5.0045926	5.0045926	25.15580823	6.63167E-05
Residual	20	3.9788764	0.1989438		
Total	21	8.983469			

	系数	标准误差	t Stat	P-value	Lower 95%	Upper 95%	Lower 95.0%	Upper 95.0%
Intercept	-3.40999447	0.2776248	-12.250345	9.43122E-11	-3.980114586	-2.8218843	-3.9801146	-2.8218843
X Variable 1	0.593768019	0.1183853	5.0155566	6.63167E-05	0.34682676	0.8407154	0.3468207	0.8407154

5.2.4　人口增长率（n）

在索洛增长模型中，劳动力的增长是解释经济增长的基本原因，同时，经济增长也传递出提高其自身劳动力数量规模的要求。而根据蒙古国国家统计协会完成的《人口未来更新核算》，到2040年将运用多种变异形式来核算人口的增长。

表5.6在对蒙古国未来人口的核算中体现了变异形式1B及变异形式2B，该核算中B的各种变异形式是运用出生率的平均降低指数完成对人口数量的统计与计算。从表5.6来看，在变异形式1B的情况下，至2040年蒙古国的人口将达到394.7万人，在变异形式2B的情况下，至2040年蒙古国的人口将达到393.5万人。就笔者而言，因运用2021年的情况来计算增长模型，所以2021年的数据也具有意义。

表 5.6　蒙古国未来人口预测

年份	变异形式 1B	人口的增长	变异形式 2B	人口的增长
2010	2633312.0		2739001.0	
2011	2684801.0	0.01955	2786971.0	0.01751
2012	2737520.0	0.01964	2836026.0	0.01760
2013	2790729.0	0.01944	2885464.0	0.01743
2014	2843816.0	0.01902	2934676.0	0.01706
2015	2896623.0	0.01857	2983508.0	0.01664
2016	2948987.0	0.01808	3031800.0	0.01619
2017	3000752.0	0.01755	3079391.0	0.01570
2018	3051786.0	0.01701	3126140.0	0.01518
2019	3101950.0	0.01644	3171908.0	0.01464
2020	3151086.0	0.01584	3216543.0	0.01407
2021	3199038.0	0.01522	3259896.0	0.01348
2022	3245683.0	0.01458	3301850.0	0.01287

年份	变异形式 1B	人口的增长	变异形式 2B	人口的增长
2023	3290961.0	0.01395	3342350.0	0.01227
2024	3334878.0	0.01334	3381406.0	0.01169
2025	3377503.0	0.01278	3419099.0	0.01115
2026	3418935.0	0.01227	3455557.0	0.01066
2027	3459336.0	0.01182	3490974.0	0.01025
2028	3498959.0	0.01145	3525616.0	0.00992
2029	3538068.0	0.01118	3559756.0	0.00968
2030	3576877.0	0.01097	3593599.0	0.00951
2031	3615372.0	0.01076	3627235.0	0.00936
2032	3653556.0	0.01056	3660786.0	0.00925
2033	3691662.0	0.01043	3694493.0	0.00921
2034	3729850.0	0.01034	3728518.0	0.00921
2035	3768128.0	0.01026	3762859.0	0.00921
2036	3806375.0	0.01015	3797414.0	0.00918
2037	3844422.0	0.01000	3832041.0	0.00912
2038	3881142.0	0.00955	3866666.0	0.00904
2039	3915385.0	0.00882	3901192.0	0.00893
2040	3946997.0	0.00807	3935473.0	0.00879

在变异形式 1B 的情况下，2021 年蒙古国人口将达到 319.9 万人，在变异形式 2B 的情况下蒙古国人口将达到 326 万人，而人口增长的百分比在变异形式 1B 的情况下为 1.52%，在变异形式 2B 的情况下为 1.35%。由此可见，人口的增长率至 2021 年时大约可达到 1.5%。

5.2.5 资本的折旧率与产出弹性

（1）资本的折旧率（δ）

在此项研究中，资本按照折旧率完成了核算，前文中我们针对资本和劳动对国内生产总值所产生的影响进行了研究。从研究结果来看，资本折旧率为国内生产总值的 8.6% ~ 15.7%，且平均值为

13.4%，而其他研究以及在其他国家范围内的折旧率为 10%，因其与蒙古国利用相关数据对资本平均折旧率进行计算的结果较为接近，所以资本折旧率（δ）可判定为 10%。

（2）资本的产出弹性（β）

在索洛经济增长模型中，经济领域内能够创造收入的一部分是劳动，一部分是资本，其余的部分是全要素生产率，需将在总收入中劳动收入所占的份额与资本收入所占的份额进行分类核算。而 β 这一要素在各个发达国家或各个工业化国家中能够占据总收入的 1/3 左右，但其在各个发展中国家发挥的作用却大打折扣，这是因为各发展中国家生产的技术水平较低，所以在国内生产总值中劳动的参与率较高但资本的产出弹性较小。

综上，根据本文研究范围内所搜集到的数据资料，以及在第 4 章中完成对国内生产总值产生影响的劳动与资本的分析后得出，β 的具体数值为 74.56%。

5.2.6　影响蒙古国经济增长的各因素所占比重

从表 5.4 来看，通过对近几年来人均国内生产总值的增长方面进行核算得出，劳动力弹性为 25.44%，资本弹性为 53.88%，生产率的影响率为 20.67%。

在研究中，上述各项指标需按照多年的数据信息进行确定，而将他们与《载入千年发展目标的国家发展的一系列政策》相结合，可通过预测制定出符合未来发展趋势的目标。在各相关要素已经确认的情况下，笔者运用下面的公式进行计算：

$$y = A \left(\frac{sA}{n+\delta} \right)^{\frac{\beta}{1-\beta}} \tag{15}$$

通过搜集的数据信息以及完成的核算得出下列几点。

（1）通过核算从业者的人均收入（y）得出，人均国内生产总值在 2021 年时不会低于 12000 美元；

（2）储备率（s）为 26.03%；

（3）人口增长的百分比（n）按照国家统计协会的核算报告得出，将在 2021 年达到 1.5% 的增长率；

（4）资本的折旧率（δ）根据数据进行核算之后得出其数值为 10%；

（5）资本的产出弹性（β）按照相关研究得出其数值为 74.56%。

由此可见，因为模型 A 表示全要素生活生产率，所以在上述的方程式中将 A 区别开来，并按照以下形式表示：

$$A = \frac{y}{\left(\frac{sA}{n+\delta}\right)^{\frac{\beta}{1-\beta}}} \tag{16}$$

将式（16）拆开表示为：

$$A = \frac{y}{\frac{\beta}{S^{1-\beta}} \times A^{\frac{\beta}{1-\beta}} \times \left(\frac{1}{n+\delta}\right)^{\frac{\beta}{1-\beta}}} \tag{17}$$

变形得出：

$$A \times A^{\frac{\beta}{1-\beta}} = \frac{y}{\frac{\beta}{\beta^{1-\beta}} \times \left(\frac{1}{n+\delta}\right)^{\frac{\beta}{1-\beta}}} \tag{18}$$

因此，在上述有关全要素生产率的公式中引入计算得出的各具体数据后可得：

$$A^{2.9308} = 2817.69 \tag{19}$$

最终得出全要素生产率为：

$$A = 15.04 \tag{20}$$

由此可以确定：为了实现储蓄率 26.03%，人口增长率（n）1.5%，资本的折旧率（δ）10%，资本的产出弹性（β）74.56%，2021 年从业人员的人均收入 30880 美元等目标，全要素生产率必须增长 14.04 倍。

因运用于上述模型中的各项指标是由笔者借助数据资料而得出的结果，所以这些指标并非一成不变，我们有必要进一步预测未来的发展趋势。众所周知，蒙古国人口稀少，人口增长的速度也会限制劳动力资源储备，所以在促进经济快速增长的过程中，劳动力储备问题将会成为重中之重。在蒙古国家统计协会发布的人口未来创新核算报告中，已经公布了到 2040 年时蒙古国的人口增长趋势，明确了到 2021 年蒙古国的人口增长率将达到 1.52%，且仍会对劳动力资源储备的增长产生限制作用。

第6章 蒙古国劳动力资源情况及对策

由于蒙古国人口稀少，人口增长率一直以来被限制在明确的限度内，但劳动力资源却并没有得到全面而充分的利用，因此，笔者在对蒙古国劳动力进行研究的基础上作出以下总结。

6.1 劳动力资源情况概述

6.1.1 经济活动人口与就业率

2010年完成的国家人口与住宅普查结果显示：总人口中的56%是经济活动人口，44%为非经济活动人口，在非经济活动人口中有36%或者说有30万人左右为在校学生，15%或者说12万人左右由于没有找到合适的工作尚未就业。因此，就业率具有在40%左右范围内增长的可能性。将2010年的情况与2000年情况作对比，从业人员数量从77.9万人增长至91.2万人，但在总人口中的从业人员比例却从51.1%降至47.8%，这一反常现象引起了我们的关注。

从蒙古国的各经济领域来看，能够创造实质性财富的生产行业从业人员数量相对较少；服务行业、贸易行业、国家服务行业内的从业人员比重相对较高。在经济结构方面，尚未发展生产的贸易与更加发达的服务行业有着紧密的联系。此外，总人口的 70% 在城市及定居区域范围内生活，真正能够大量吸纳劳动力的工业领域却并未得到发展。

劳动适龄人口中的 26% 为农牧业劳动者，13% 为批发与零售贸易及汽车摩托车修理服务行业的劳动者，9% 为教育事业劳动者，8% 为国家执政管理与国防事业及服役性社会保障事业劳动者，7% 为加工工厂行业劳动者，6% 为建筑行业的劳动者。通过最近 10 年的平均指标看待从业人员的净增长速度时不能发现，农牧业、狩猎业、林业领域的劳动力数量减少，但其他各领域的劳动力却有所增加。

可以说蒙古国在城乡、年龄构成、性别等因素的影响下，就业率具有较大差异，须通过制定国家政策促进具备从事劳动条件的公民就业。从 2011 年的情况来看，蒙古国的经济活动人口共有 112.47 万人，其中西部地区占 17%，杭爱地区占 22%，中部地区占 19%，东部地区占 8%，乌兰巴托市占 34%。正在从业的人口中有 39.15 万人分布在首都乌兰巴托市，而蒙古的乡村地区缺少工作岗位，商业和生产并未得到发展，使得在人口过于集中的地区产生了各种负面影响。

6.1.2　非正式就业率

在蒙古国范围内，隐蔽性、非正式、非法的活动以及为了满足自身需要的家庭性生产均未被计入国家核算范畴，在这些生产领域，按照分配表就业的单位中尚有一定数量的从业者在劳动，但没有被计入劳动力研究核算的范畴。蒙古国共有 163600 名按照分配表的规定从业的人员，其中 79.1% 分布在城市，20.9% 在乡村从业。当今正迫切需要解决这些非正式就业人员的合法化问题，使之与登记注册相关联，确保正在从事劳动及商业活动的人员能够列入法律保障的体系内。

6.1.3 蒙古国范围内的失业率

从 2011 年的情况来看，登记在案的失业人员数量为 5.72 万人，在劳动适龄人口中，在校学生为 28.5 万人，劳动适龄但无劳动能力的人口为 8.4 万人，劳动适龄人口中的 8.6% 人处于无业状态。

针对失业人员的学历水平进行分析后得出：占有失业比例最大，即有 11.96 万名全日制中等学历的无业人员；4.3 万人为具有高学历的无业公民；掌握技术设备以及专业技术的人员为 1.25 万人；掌握特殊专业技术且具有中等学历的人员中共有 1.53 万名。由此可见，必须为暂时无业且正在积极择业的公民提供工作岗位，帮助他们参加培训并开展再教育活动，这不仅是教育系统内部的工作内容，更是将生产技术与劳动市场需求紧密结合的改革之需。

6.1.4 在国外以及来自国外的劳动力

即自 1990 年以后，蒙古国公民赴国外就业的情况呈迅猛增长的态势，根据当今的情况来看，蒙古国共有 10 万多名公民分别居住在多个国家。他们当中通过正式登记注册的有 4.42 万人在从事劳动，而且其中有 2.04 万名公民按照劳动协议规定从事劳动，2.1 万人按照分配表的规定从事劳动，2700 人凭借官方的派遣从事劳动。在国外的从业人员中人数最多分布在韩国，其次是分布在美国、捷克和中国。

来自其他国家的劳动力数量也呈增长趋势。尤其是在建筑行业、矿产业领域，外来从业人员数量持续增长，至 2012 年，在蒙古国境内共有 30252 人取得了长期居住许可证，而且其中有 26744 人（88.4%）是为了就业来到蒙古国。

6.1.5 蒙古国从业人员的工资薪酬

在经济各个领域中，从业人员的工资薪酬自 2003 年起，在数量规模上开始呈现出差异，并在 2011 年反映出极大的差距。在 2011 年有 88.69 万图格里克的工资通过财政金融中介领域得到发放，而最高工资 73.24 万图格里克发放给了矿产业、开采工厂领域；48.72 万图格里克发放给了运输与仓储产业、通信行业领域。工资最低的领域是农牧业、林业、狩猎业领域（获得了 20.31 万图格里克）。可以说，各个领域间的工资差别不仅与知识水平、专业技术、工作能力等要素相关，更与领域内的生产率或国内生产总值相关。

在将 1990 年的名义工资与 2011 年的情况做对比后发现，名义工资增加了 76.06 倍，1990 年时的名义工资为 557 图格里克，到 2011 年数值已经增至 42.42 万图格里克。针对自 1990 年以后实际工资的统计情况来看，一直到 1998 年实际工资持续降低，而自 1999 年起开始提高，其中，1990 年时的实际工资为 557 图格里克，至 2011 年已经增至 745.4 图格里克，即增长了 188.4 图格里克。

6.1.6　劳动生产率

根据 2011 年的情况来看，全国平均劳动生产率为 387.56 万图格里克/人，而劳动生产率较高的几个领域分别是矿产业领域（2022.81 万图格里克/人）、信息通信领域（1467.38 万图格里克/人）、财政金融与保险事业领域（1005.76 万图格里克/人）。而劳动生产率较低的领域分别为宾馆与饭店行业（97.13 万图格里克/人）、教育事业领域（125.12 万图格里克/人）以及国家行政管理与国防事业领域（132.06 万图格里克/人）。在经济基础性行业中，农牧业的平均劳动生产率为 193.32 万图格里克/人、加工工厂行业领域为 441.49 万图格里克/人、建筑行业领域为 136.56 万图格里克/人、贸易行业为 369.69 万图格里克/人、运输与仓储产业领域为 733.75 万图格里克/人。

劳动生产率不仅与相关领域的总生产规模即领域内的国内生产总

值、从业者数量相关，还与各个行业产品的世界市场价格、技术设备、生产工艺技术水平等因素有着密切的联系。因此，"劳动生产率/工资"的比例在各个领域之间存在较大差距并在一定时期内持续波动，虽然最近几年在某些领域呈下降趋势，但在某些领域内呈现相对稳定的状态，甚至在某些领域内出现了极大的波动。

6.1.7　影响国内生产总值变化的劳动与资本因素

通过对影响国内生产总值变化的劳动、资本因素进行分析研究，可得出以下总结：1990~2011年资本生产率从6.35图格里克增长至11.63图格里克，即由每一图格里克的折旧成本所创造的收入或者说国内生产总值的数额变化比率较高，资本生产率呈现稳定增长的趋势。

根据影响国内生产总值的因素进行指数分析，在引起国内生产总值变化的各要素中，资本生产率及其他因素占74.56%，只有25.44%为从业人员数量的影响。受资本生产率的影响，国内生产总值的最大值为6169.3亿图格里克；受劳动力人均资本或者说资本折旧率的影响，国内生产总值变化的最大值为1309.5亿图格里克；受劳动力数量的影响，国内生产总值变化的最大值为1227.5亿图格里克。

6.2　开发劳动力资源的政策建议

6.2.1　积极推动劳动适龄人口就业率增长

从研究结果来看，蒙古国人口数量稀少直接导致了劳动力资源的匮乏，这是经济增长的一个主要的负面影响因素。因此，必须制定相关的国家政策，通过运用劳动力资源或者说将劳动适龄人口的就业率保持在较高可行的水平，以保证经济的增长。为推动劳动适龄人口就业率的提高，我们可采取并实施以下的措施。

（1）针对尚未找到合适工作岗位的人员进行细致研究，实施促进这类人员就业，为其提供工作岗位的政策。

（2）为各教育机构中的学生创造从事兼职工作的机会。构建良好的法制环境，促进教育机构与商业机构合作，并按照国家法律规定对为在校生提供工作岗位的各个企业单位予以支持。

（3）为拥有学历的失业人员提供从业机会的同时，各教育机构准备的培训教学大纲需符合劳动力市场的需求，并在劳动力市场的需求范围内构建固定的教学授课体系。

（4）针对某些领域的退休人员过分提前退休问题进行研究，为已经退休但尚且具有劳动能力的公民提供就业机会。

（5）消除城市与定居区域以及乡村间就业机会的差别、对推动各个乡村地区加工工业的发展问题予以重视。

（6）关注蒙古国内的就业性别歧视问题，支持女性积极就业。

此外，要在健全蒙古国经济结构方面予以重视，同时针对具有较强吸纳劳动力能力的工业领域制定出长期发展政策，将从事非正式就业的公民纳入登记注册的范畴，通过改善相关的法制环境，使从业人员的数量增加 12 万人。

6.2.2　缩小工资薪酬及劳动生产率的行业差距

1990～2011 年登记在案的失业人员数量相对增加，这与国家在失业人员方面所遵循的政策行为具有较大关系。因此，要加强行政管理系统中各单位对劳动交易所的管理、完善失业人员的注册登记制度、在实现失业人员补助准确无误的基础上，针对无业公民产生的原因进行细致研究，促使国家政策成为正确引导，在为劳动适龄的无业公民提供工作岗位的基础上，使劳动力市场中增加 16 万名从业人员成为可能。

对各经济理论进行分析后发现，工资薪酬是对劳动力供给产生影响的主要因素，而劳动生产率却是对劳动需求产生影响的关键。工资薪酬在蒙古国各领域间具有较大差异，矿产业开采工厂领域，财政金融中介领域的工资比其他领域的工资要高。虽然这种情况与相关各个领域的劳动生产率直接相关，但我们必须致力于减小各领域间的工资差异，推动经济各领域的平衡发展。同时，最近几年来蒙古国的名义工资已经实现迅猛增长，即便如此，实际工资或者说具有购买力的收入却尚未增长。这种情况的产生受到通货膨胀以及宏观经济指标的影响，所以蒙古国政府在推动增加公民收入方面应予以足够重视。可喜的是，实际工资自 2008 年以后开始增长，蒙古国应在保持这种增长势头的同时推动增长速度的大幅度提升，使其接近发达国家的平均水平。

劳动生产率在各个领域具有极大的差异，所以我们要对矿产业、银行、财政金融中介等各个生产率较高领域，对农牧业以及建筑行业、加工工厂等具有很强吸纳劳动能力但劳动生产率不是很高的领域予以充分重视，支持这些领域的技术设备、工程机械的投资，制定并实施税务、补助金等政策，将其作为推动行业就业率提升的基础。由此可见，在世界与地区经济的大背景下，具有高度保障性的矿产业领域就业率仍然比较稳定，所以重视实体性领域的发展成为经济发展的题中应有之义。

此外，工资与劳动生产率之间的比例在最近几年相对减小是一项良好指标，保持工资与劳动生产率之间较小的差距是收入相对平等分配的一种方法。但在蒙古国各经济领域，这一指标具有较大差异。最近几年来，蒙古国经济各主要领域的工资与劳动生产率之间的差异在持续减小，收入的不平等分配程度也随之降低。但在今后将工资与劳动生产率相结合核算时，必须针对确定领域工资最低的问题进行细致研究。

6.2.3　提高蒙古国劳动生产率与资本生产率的水平

我们能够看到，在蒙古国劳动力数量与劳动生产率之间并没有密切的联系。生产和经营者在劳动生产率提高的情况下并不增加劳动力数量，所以可作出有关劳动力增长与相关企业单位、国家经济增长相关的研究与总结。

通过运用指数方法来分析影响国内生产总值的各因素情况，资本生产率在 1990～2011 年增长了 83%，这不仅推动了拥有较高资本生产率或者说高水平生产技术水平的工厂企业的发展，更会为保证经济的高速增长创造条件。因此，在蒙古国国家发展的一系列政策中，应着重提高生产的技术水平，加快经济的高效发展。

从业人员在没有劳动工具的情况下是不能进行生产的，劳动生产率与人均资本或者说资本生产率有着较大的关系。从最近 22 年的相关数据来看，蒙古国的资本生产率同样未得到增长，在经济领域内需要将投资引入高技术水平的经济领域来推动资本生产率的提高，在改善投资环境，支持具有高超技术的各个工厂、企业单位的同时，更需要在开展工作中重视完善经济结构。

对国民生产总值产生影响的因素进行指数分析后发现，在蒙古国 1990～2011 年的经济发展中，资本生产率的影响占 53.88%，生产率的影响占 20.67%，劳动力数量的影响占 25.44%。综上，对于像蒙古国这样劳动力稀缺的国家而言，较高的劳动生产率是保证经济高速增长的有利条件，因此，在今后的发展中要促进劳动生产率的迅猛发展。

6.2.4 努力实现 2021 年蒙古国的经济发展总目标

笔者在研究工作中运用索洛增长模型来对蒙古国的经济做出总结，并且力求更好地完成有关劳动力如何保证经济增长问题的研究。按照蒙古国国家发展的一系列政策规定，为了实现到 2021 年时人均国内生产总值达到 12000 美元的目标，需要明确蒙古国劳动力资源所应达到的水平，增加劳动力的供应是经济发展的主要目标。根据索洛模型，本书在符合蒙古国宏观经济的各项指标以及劳动力规模的前提下，提出以下各项建议。

（1）蒙古国统计总局发布的蒙古国人口未来的创新性核算报告中，已经明确了劳动力数量规模以每年 1.5% 的速度增长，而这种增长会被生育率所限制。同时，因劳动力资源被人口的增长所限制，所以蒙古国在保证经济增长的过程中需要对劳动生产率的提高予以足够重视。

（2）在蒙古国发展的一系列政策中制定了至 2021 年人均国内生产总值达到 12000 美元的计划，在按照相关时期的人口结构进行核算时，为使劳动生产率达到 30800 美元/人的目标，必须推动发展拥有高超生产技术行业的发展，运用国家政策支持高劳动生产率的经济活动。

（3）完成至 2021 年储蓄率达到 26.03% 的目标，并在经济领域内将完成的积累运用在投资方面，建立健全银行与财政金融领域的投资基金管理，推动发展投资管理领域。

（4）在保证今后蒙古国经济快速增长的同时，也要保证完成国家的一系列政策目标，将经济结构由需要大量人力投入的经济行业转变为具备较高资本生产率且拥有超高技术水平的领域，建立起经济基础部门的合理结构。

（5）根据蒙古国国家发展的一系列政策的目标，利用模型推算得出全要素生产率为 15.04，此外，由于现有的劳动力资源受到人口数量的限制，所以迫切需要提高劳动力的学历和知识水平，实现专业技术教育体系的高质量化，培育具有较高生产率且可创造实体财富的劳动力资源。

（6）在实施上述国家发展的一系列政策目标的同时，为实现人均国内生产总值达到 12000 美元的目标，需要扩大劳动力资源的储备，可增加外来从业人员的数量。但按照蒙古国法律规定，外来从业人员的数量不可以超过蒙古国总人口的 1%，所以扩大劳动力资源储备受到一定的限制。

（7）依靠出口标准及股份形式，对经济领域内诸如信息、关系、生物、毫微纳米生产工艺、跨境中转运输、数理逻辑、财政金融中介服务等至关重要且具有高技术含量的行业进行重点扶持，在推动定点生产与服务行业迅猛发展的同时，建立并发展稳定的知识型经济。

（8）利用具有战略意义的矿山地区实现资本积累，保证经济的活力及高速增长的能力，推动其发展成为现代加工业的基础，促进其对劳动力需求的增加。

参考文献

英文文献

Asian Development Bank. Development Effectiveness Brief Mongolia: A Patnership against Poverty, 2010.

Economic and Research Department Development Indicators and Policy Research. Development Indicators Reference Manual: Concepts and Definitions. Published by Asian Development bank, 2004.

Enkhbayar Shagdar. Neo-Liberl 'Shock therapy' policy during the Mongolian economic transition. ERINA Discussion Paper No. 0703e, 2007.

Government of Mongolia. Millenium Development goals based comprehensive national development strategy of Mongolia. Ulaanbaatar, 2007.

National Statistical Office of Mongolia. Mongolian Population in XX century. Published by National Statistical Office of Mongolia. Ulaanbaatar, 2003.

National Statistical Office of Mongolia. 'Mongolia in a Market System for 1989 – 2002' statistical yearbook. Published by National Statistical Office of Mongolia. Ulaanbaatar, 2004.

The Bank of Mongolia. Annual reports 1999, 2002, 2004, 2006, 2007, 2008, 2009, 2010, 2011, 2012.

The National Development and Innovation Committee. Third National Report the Millenium Development Goals Implementation. Ulaanbaatar, 2009.

Ts. Bolormaa. Environmental challenges of urbanization and sity growth. National Human Development Report Mongolia 2010, March 16, 2010.

蒙文文献

蒙古国发展研究所:《人口密度和结算和劳动力研究》,乌兰巴托,2011。

国家发展和创新委员会:《蒙古国经济概况 (2010)》,乌兰巴托,2011。

蒙古国国家发展机构:《人口住区与劳动市场研究》,乌兰巴托,2010。

蒙古国经济发展部:《劳动生产率和劳动者工资研究》,乌兰巴托,2012。

《蒙古国劳动力调查 (2005～2010 年)》,乌兰巴托。

蒙古国统计局:《2010 年人口和住房普查》,乌兰巴托,2011。

蒙古国统计局:《蒙古国人口的预测 (2010～2040)》,乌兰巴托,2010。

蒙古国统计局:《蒙古人口预测 (2008～2030)》,乌兰巴托,2008。

蒙古国统计局:《研究报告估算地下经济》,乌兰巴托,2010。

《蒙古国统计年鉴 (1989～2012)》,乌兰巴托。

蒙古国人口培训与研究中心:《人口讲义》,蒙古国立大学出版社,乌兰巴托,2006。

Ariunzaya A.:《劳动力市场分析》,乌兰巴托,2011。

Batchuluun J., BehturB.:《劳动市场》,乌兰巴托,2004。

Batjargal O.:《劳动力资源分析》,乌兰巴托,2006。

Bolormaa Ts. Solongo A. Munkhjargal B.：《人口政策》，蒙古国立大学出版社，乌兰巴托，2005。

Byambaa B.：《提高组织劳动力资源的效能》，乌兰巴托，2002。

Doctor，Richard Dutu：《蒙古的长期增长和宏观经济稳定》，乌兰巴托，2012。

Erdenebulgan N.：《劳动力和工资薪酬研究》，乌兰巴托，2009。

Eremina M.，Marshalova B. P.：《劳工统计学》，乌兰巴托，1976。

Lhagvadorj D.：《农业经济学》，乌兰巴托，2010。

Mangaljav D.，Sukhbaatar G.：《经济和统计学》，乌兰巴托，1977。

Nandintsetseg G.：《劳动力市场和人口迁移均衡》，乌兰巴托，2009。

Sodnomdorj S.：《劳动经济学》，乌兰巴托，2008。

Tseveenpurev G.：《劳动力供给和需求：一些方法学问题》，乌兰巴托，2008。

后　记

　　本文是在导师于潇教授的悉心指导下完成的，在此谨向导师表示衷心的感谢。从论文选题到开题报告至最后定稿，老师一次次耐心地与我沟通，论文写作的整个过程都倾注了于老师大量的心血。老师严谨的学术态度、缜密的逻辑思维无不时时刻刻影响着我、教育着我，其广博的学识、深厚的功底不断指引着我前进。

　　作为一名留学生，我诚挚地感谢吉林大学东北亚研究院各位老师们的谆谆教诲。每一次与研究院各位老师的交流于我而言都是一次次学术及人生的启发，此外，还要感谢诸多老师及同学自我入学到毕业的这几年中，在学习和生活上给予我的各种帮助，尤其是在课程和论文送审、答辩等众多环节的大力支持和指导。

　　最后，感谢我的父母与家人，是你们对我的肯定与鼓励使我更加坚定自己的信念，在求学路上是你们无私无怨的支持才使我走到了今天。相信那些为此文付出辛劳的日日夜夜将成为我人生中最宝贵的财富，它也成为我送给自己的最有纪念意义的青春礼物。

甘　南

2015 年 10 月

图书在版编目（CIP）数据

蒙古国劳动力与经济增长研究／（蒙）甘南，于潇著
. -- 北京：社会科学文献出版社，2017.10
（东北亚研究丛书）
ISBN 978 - 7 - 5201 - 0941 - 3

Ⅰ.①蒙…　Ⅱ.①甘…②于…　Ⅲ.①劳动力 - 研究
- 蒙古②经济增长 - 研究 - 蒙古　Ⅳ.①F249.311
②F131.141

中国版本图书馆 CIP 数据核字（2017）第 136339 号

东北亚研究丛书
蒙古国劳动力与经济增长研究

著　　者／〔蒙古〕甘南（Tsambaa Gantulga）　于　潇

出 版 人／谢寿光
项目统筹／恽　薇　高　雁
责任编辑／孔庆梅

出　　版／社会科学文献出版社·经济与管理分社（010）59367226
　　　　　地址：北京市北三环中路甲 29 号院华龙大厦　邮编：100029
　　　　　网址：www. ssap. com. cn
发　　行／市场营销中心（010）59367081　59367018
印　　装／三河市东方印刷有限公司

规　　格／开　本：787mm × 1092mm　1/16
　　　　　印　张：9.75　字　数：125 千字
版　　次／2017 年 10 月第 1 版　2017 年 10 月第 1 次印刷
书　　号／ISBN 978 - 7 - 5201 - 0941 - 3
定　　价／69.00 元